官僚ピープス氏の生活と意見

岡 照雄

みすず書房

官僚ピープス氏の生活と意見

目次

はじめに

一六六四年の正月八日に、海軍書記官のサミュエル・ピープスは旧友数人を正餐の昼食に招き、皆で歓談を愉しみ、正月気分でいささか品の悪い話も出て午後を過ごした。その席に、護民官オリヴァー・クロムウェルの革命政権のもとで国家安全委員会の下級事務員だったウィル・シモンズという者がいた。ピープスもほぼ同じ頃に大物政治家の事務見習いをしていたから、シモンズとは旧知の仲である。一六六〇年に革命政権が倒れ、王政が復活してほぼ四年が経ち、亡命から帰国した国王チャールズ二世の治世も政治体制としてはいくらか安定してきた時期で、一同は王政復古当時の思い出話をはじめた。シモンズは王政復古前年の一六五九年の僅か一年間に八つの政権《ガヴァメンツ》交代で八回の配置換えになり、どうやら生き延びたが国王陛下のご帰国でとうとうクビになったよ、と言った。ほう、と皆が目を見張ると、彼はその八つの職場の名称をすらすらと数えて披露した。我々がこれから利用するカリフォルニア大学版の『サミュエル・ピープスの日記』（以下、『日記』と略す）のこの日の記事には幸いに編者の注釈があって、シモンズの職場名と在任期間を列挙している。国務会議《カウンシル・オヴ・ステイト》で三度、国家安全委員会《コミッティ・オヴ・セイフティ》で二度、将校委員会《コミッティ・オヴ・オフィサーズ》で二度、それぞれの事務係を務めたという。しかも、服務期間は十二日間、十四日間という極端に短いものもある。これらの勤め先が頻繁に改組、解体されて、職員の入れ替えもしきりに行われたことが判る。要するに、この一年間は権力闘争に明け暮れる不安定極まりない時期だったのである。権力争奪の先頭に立つ者はそれぞれの正義を振りかざしていたが、散々振り回される下級事務員はたまったものではない。八回目で失業したシモンズのその後はどうなったか、と気になるところだが、不思議な縁で四年後に政府の重要な委員会に職を得て、ピープスと再び出会うが、彼らの立場はまったく異なる。ピープスはあの正月の愉しい旧友再会とは打って変わって、海軍予算執行につき、委員たちの、当然とはいえ意地悪い追及に苦しめられた。

　時は遡って一六五八年秋に護民官《ロード・プロテクター》のオリヴァー・クロムウェルが死んで、息子のリチャードが二代目を継いだが、彼には政治家の資質は少なく、様々の問題を抱えたまま翌年五月に退くほかなかった。そのあと、政治的諸党派、分裂する将校団、宗教上の諸宗派の権力闘争に加えて、大陸に亡命している皇太子チャールズとその周辺から、逼塞している国内の王党派への働きかけがあり、小中の蜂起も起こって国の進む方向がまったく見えなくなった。おおまかに言えば、シモンズの八回の転属は、政治権力の八回の交代を示唆している。

ここに一つの比喩がある。石切場から切り出した粗い石材が、石工《いしく》の指図に抵抗し、建物の基礎を引き受けて重い上部構造を支える役目を嫌い、我も我もと上層に昇りたがり、石工では埒が開かぬと設計技師に設計変更の直談判に押しかける。これは詩人アンドルー・マーヴェルがクロムウェル護民官就任一周年を祝う詩のなかの比喩である。トップへビーでは建物は不安定になる。この揺れ、倒壊の不安を取り除いたのが護民官閣下、あなたです、と。また、この詩には弦楽器の比喩もあって、雑音と喧噪を収め、刻々と変わる情況に応じて、巧みな手さばきで絃を押さえて音階と音調を整え、見事なハーモニーを創出したのもクロムウェル閣下である、ともいう。その統率者オリヴァーが死ぬと、建物も音楽も消えて、昔の動揺、混沌、国家倒壊の危機が戻ってきたのである。絃を押さえる熟達した指と手があれば、元のメロディーに戻すことは出来よう。しかし、石切場でぶつかり合う巨石群は、その重量に見合う大きな建設機械がなければ手のつけようがない。「下院議事録」を見ると、詩人とは別の顔の下院議員マーヴェル氏が苛立ち、興奮して発言する場面もある。どこかにパワーショベルかブルドーザーはないか、出来ればダイナマイトも、と各派が探したのち、衆目の集まるところはスコットランドに駐留するジョージ・モンク将軍である。

モンクは強力な武力を保有している。諸派からの働きかけで彼の軍隊はロンドンに向けて南下をはじめたが、南のどの勢力を支持するか、彼の意図は曖昧であった。彼の進駐を前にして、諸派の様々の動き、つまり、政権獲得のための連携や裏切り工作が活発になる。モンク「進駐軍」の動向が党派と個人の利害や生命を左右するからには、曖昧のなかに何かの道筋を見つけようと、大小の指導者たちは躍起になり、密使の訪問、会談や密談の要請がモンクの許に集中した。ピープスの『日記』がはじまるのは、まさにこの時である。ややや無理な連想だが、太平洋戦争敗戦時に日本に上陸したアメリカ「進駐軍」のことを私は思い出すのである。

1　『日記』のはじまり

サミュエル・ピープス（一六三三―一七〇三）といえば、海軍関係者、業者からの頻繁な賄賂受領、手近の女性への度重なるセクシャル・ハラスメント、がまず話題になる。前者については、当時の政府官僚や下役たちの環境と慣例を考えておく必要があり、後者については、何とも説明の仕様がない。このような評判とは別に、彼の真価は海軍官僚としての抜群の働きにある、と私は考えている。彼の本領は補佐役に徹することであった。傍観できずに裏方の立場を忘れ、自分の弁舌かペンで処理しようと覚悟を決めて、当面の相手や仕事に立ち向かうこともあるが、その場合は必ずそれ相当の理由がある。一六七八年五月、海軍事務方の最高地位まで出世した彼が下院で、「私は」と言うべきところをうっかり「我々は」と発言してしまい、「ピープス君は事務局長《セクレタリー》のくせに、アドミラルのような口を利く」と議員に嫌みを言われことがあった。当時の英国海軍で「アドミラル」とは、最高責任者の海軍本部長（The Lord High Admiral）の地位にあるヨーク公爵、すなわち国王チャールズ二世の弟ジェイムズのことである。「アイ」と「ウィー」の違いで揚げ足を取られるとはピープスには珍しい失敗だったが、答弁に熱が入っての小さい躓きである。これとは別の、若く未熟な頃の失言を除き、普段の彼はたいへん用心深い。また、生き残りのためには他人を冷たく見放すことがある。主人と自分の地位と利益を護るのは補佐役としての官僚の役目の重要な部分で、必要とあれば詭弁を弄する場面もある。

『日記』では、彼が朝夕に体験する身近の些細な出来事と感懐を通じて、変革の時代の大きな動きが読者に伝わってくる。歴史のなかでの小事と大事との相互作用の妙味が極上の面白さをかもしだすのである。彼の地位からして、晩年は別として、本人が国家の大きな決断に参与する機会はほとんどない。しかし、些事の連鎖が国の大小の意志決定に繋がる可能性は否定できない。出世が大事の官僚が直面する瑣事にあふれる『日記』のテクストと、その行間を読むことで、彼の生涯と英国の歴史の接点を観察し、推測して、一つの物語《ナラティヴ》を組み立ててみたい、それが私の目標である。

ピープスに様々の事件や危機が訪れた一六八〇年に、有名なジャーナリストのロジャー・レストレインジは「現代はナラティヴの時代だ」と前置きして、当時流行するナラティヴの種類の驚くべき多様さを長々と前置きした上で、或る大事件について自分自身のナラティヴを披露した。私もここで彼に倣ってみようかと思う。「ナラティヴ」とは何か、特にその議会用語としての意味はそのうち明らかになる。些細な出来事はやがて大小の事件に結集し、さらに大きな歴史に参与する。その当初の卑小さは時代を超えて変わらぬ人情を写している。

ピープスの『日記』は、英国のピューリタン革命・共和制の体制が崩壊過程に入った一六六〇年一月一日に始まる。一六五八年の秋に革命政府の最高権力者、護民官オリヴァー・クロムウェル（一五九九—一六五八）が死んで、息子のリチャード（一六二六—一七一二）があとを継いだ。しかし、暴走する軍部と革命の徹底を求める諸セクトの過大な要求を抑える実力は彼にはなく、間もなく辞任に追い込まれた。リチャードは「地主が出てくるまでの小作人」に過ぎないと言う人がいた。ならば、地主はいったい誰だろうか。リチャード辞任に続く混沌のなかで下院が復活した。この議会は形式的には一六四〇年に選出された議員から成るいわゆる「長期議会《ロング・パーラメント》」であるが、議会といってもその実態は革命派が気に入らぬ議員を実力で排除、追放したあとの残骸に過ぎない。軍部が兵士の給料予算を認めさせるために元議長に強要して開かせたもので、その議会は「残余議会《ザ・ランプ》」（The Rump Parliament）、あるいは、牛の尻肉《ランプ》をもじった「臀部議会《ザ・ランプ》」と呼ばれ、その議員は俗にザ・ランプの「ランパー」という。一時解散ののち再開されたが、一六五九年九月にジョン・ランバート少将（一六一九―八三）らの軍部とピューリタン過激派が組んで政権奪取のためのクーデター体制は、長続きはしなかったが混迷をさらに深めた。クーデター失敗のあとに、テムズ河でロンドンを威圧する海軍司令官ジョン・ローソン指揮下の艦隊の「プレゼンス」もあって、ふたたびランプ議会が息を吹き返した。ローソンはもともと再洗礼派で、ランプ議会と対立していたのだが、一六五九年十二月に突然議会側に寝返り、世間を驚かせた。ローソンを味方につけようと、ぎりぎりの説得を試みる各派が艦上で鉢合わせした話が伝えられている。艦隊によるテムズ河封鎖の威嚇の力は大きかった。一六四九年のチャールズ一世の処刑から十年が過ぎた一六五九年十二月のことである。しかし、混乱収束の見通しは全く見えない。誰が本物の「地主」か、まだ判然とせず、小作人同士の争いが続いた。あちこちで放棄、寝返り、二重スパイなどが見られ、混沌状態が続いた。

この情況のなかから、大陸に亡命しているチャールズ皇太子（一六三〇―八五、在位一六六〇―八五）を呼び戻して旧体制を復活させ、混乱を収拾しよう、との願望が初めは囁き声で、やがて聞こえよがしに語られるようになった。チャールズ自身は、父王の処刑後は自分が英国国王である、と主張しているので、これからの叙述の便宜上、彼を国王と呼ぶ場合もあろう。ランプ議会のみならず、政治的不安定と不況に我慢できなくなったロンドンのシティの有力者も、スコットランドに駐留するジョージ・モンク将軍（一六〇八―七〇）指揮下の軍隊の南下、介入により、政情安定と治安回復を図ることを模索しはじめ、各派が独自に密かに使者を送ってモンク将軍の決意を促していたのである。彼の軍事力がいまや国の安定と治安回復の鍵を握ることになり、シティのみならず、シティと睨み合うランプ議会、大陸に亡命中のチャールズとその周辺、国内の王党派なども、思惑はさまざまだがそれぞれモンクの軍事力に注目し、将軍に接触を始めていた。しかし、ランバートら急進派軍部の幹部将校団はモンクの南下阻止を図っていたのである。自らの利害を慎重過ぎるほどに測り、刻々移り変わる形勢を窺い、なかなか腰を上げようとはせぬモンクは、独自の情報網を駆使して、国内のみならず大陸のチャールズ周辺とも接触して情報を収集していた。

したがって、モンクの「慎重、沈黙、暗闇」が当時の詩文にしきりに現れるようになっていた。その彼が満を持してエディンバラからイングランドとの境界の町コールトストリームに司令部を進め、連隊内の過激な将校たちを排除し、最後にツゥイード河を渡ってイングランドに入り、ロンドンへの進軍を始めたのが一六六〇年一月一日で、奇しくもピープスが『日記』を書きはじめる、まさにその当日のことであった。或る政治詩のタイトルを使えば、モンクは「北風の道」に沿って進みはじめたのである。北風の音、議会、シティ財界と市民の期待に共鳴するかのように、ピープスの『日記』がはじまった。サミュエル・ピープスの運命も『日記』開始に同調して動きはじめる。

ようやく動きだしたとはいえ、形勢を窺うモンク司令官の遷延作戦によって軍隊の南下は遅々として進まず、彼と配下の軍隊がどの勢力につくのか、がロンドン市民や各派閥の領袖の最大の関心事となった。彼は誰の味方もしないで、彼自らが事態収拾に乗り出して主権者になる気でいる、いや、いま彼は共和派支持のポーズを見せているが、実は亡命中のチャールズと秘密交渉していて、チャールズの帰国による王政復活を目論んでいる、などの揣摩《しま》憶測のなか、モンクの態度はこの上なく曖昧である。これらすべての思惑が彼の頭をよぎり、あらゆる方向にチャネルを伸ばしていた。「モンク」という名前をカトリックの修道士《モンク》にかけた当時の落首の、「モンクの僧帽《フード》のなかに隠れた顔を覗いてみるまでは、市民はみんな鳴りを潜める。下院議長は痛風を口実にあと一〇日ばかり引き籠もると言い、ランプ議員《おしり》のおしり《ランプ》もそわそわして議席で落ち着かぬ」という文句《モンク》が奇妙な無風状態をよく表現している。

当時、チャールズ皇太子に侍して大陸に亡命していたのちのクラレンドン伯爵、エドワード・ハイド（一六〇九―七四）は、二度にわたる大陸亡命のときに執筆した『大反乱史』でローマ文学の古典を引用し、モンクのこの時のさまを「深い沈黙」（*altum silentium*）と書いている。「モンクの僧帽」の唄は十七世紀末のジョン・オーブリー作『名士小伝』（*Brief Lives*）のなかの「モンク小伝」の末尾に引用されたが、これからも判るように、躊躇したのはモンクだけではなく、下院議長や残余議会の議員たちも同様だった。不用意な動きをすれば粛清を招き、命を落とすことにもなりかねない。モンクの場合は躊躇というより、各派の意見を窺っていた、と言うほうが正確だろう。彼は巧妙な軍人政略家であった。そしてまた、復活後の国王チャールズ二世陛下の御代《みよ》を言祝《ことほ》ぐ政府側詩人ジョン・ドライデン（一六三一―一七〇〇）の回顧の詩の文句では、「（モンク）将軍の仕事は一日限りの促成栽培ではなく、／じっくりと熟成させること。／巧みな釣り人はかかった魚を辛抱強く泳がせる、／胃は受け容れたものをすぐに消化はするが、／滋養になるものは時間をかけて吸収する」という。この詩のなかで、ドライデンがモンクの行動をじっくりと比喩を重ね、行数を惜しまずにうたうところに、モンクの慎重さがよくあらわれている。比喩で足踏みすると、物語り《ヒストリー》の進行も一時停滞するという効果が生まれるからである。御用詩人としては、何はともあれモンクの遅延を「賢明な遅延」（wise delay）と持ち上げ、王政復古の立役者として彼の功績を讃える必要があった。ドライデンのみでなく、この時代の賞賛詩群は、表現のウィットに大きな差はあっても、モンクの「遅延」を美徳とする点では一致している。

モンク将軍の軍隊は、出発からほぼ一ヵ月をかけて一六六〇年二月三日にロンドンに進駐したが、大小の形勢変転のあと、一ヵ月後の三月二日になっても『日記』には、「主権者はだれになるか、下馬評は盛んである。今ではチャールズか、ジョージか、もう一度リチャードか、だ」とある。海の向こうのチャールズ皇太子本人はチャールズ二世を名乗っているが、彼が本当に帰国して王位に就くのか、あるいはジョージ・モンクが軍事力で天下を取るか、またはリチャード・クロムウェルが再び担がれて復活するのか、との憶測がロンドンで広まっているというのである。亡命中の国王側近だったクラレンドン伯爵の『大反乱史』は、この時期のモンクがオランダをモデルとする地域連合体国家、つまり共和制を構想し、自分はその総統に就任する気でいた、と書いている。議会は議会で、「だれの名義で次の議会の召集令状を出すべきか、の議論が盛んである――噂によると、プリン氏は議場で公然と「チャールズ王の御名において」と発言したそうである」、とピープスは書いた。チャールズ復位を公然と叫ぶ者がランプ議会にも現れたのである。

『日記』はこういう雰囲気の真っただ中で始まった。先のことを言えば、『日記』が始まって約半年後の五月二十五日にチャールズがドーヴァーに上陸して、ようやく王政復古への道が確定したが、そこに至るまでの各派の勢力争い、有力者の野心の交錯、駆け引きの一端をピープスのことばから読み取ることができる。歴史の転換期にめぐり会い、それを目の当たりにしたピープスの驚きと好奇心を見ると、彼はほんとうに運のよい人であったと思う。そして、この政局の展開が、大蔵省の臨時雇いで、政治家・海軍大幹部モンタギュの一使用人で、二月二十三日には二十七歳になるピープス、に出世の道を切り開いたのである。その話のまえに、彼のこれまでの経歴を手短にふり返ってみよう。

サミュエル・ピープスは一六三三年二月二十三日にロンドンで生まれたが、父ジョンはもともとケンブリッジ近くの村ハンティンドンの人であった。ジョンは若い頃にロンドンに出てシティの仕立て屋に弟子入りし、一人前の職人としてマーガレット・カイトと結婚した。やがてシティの大通りフリート街から南に折れたところ、ソールズベリー・コートに店を構える。夫婦は十一人の子を儲けたが、そのうち成人したのは四人だけである。『日記』を書き始めたときのピープスは二十七歳で、下に弟ふたり、妹ひとりがいた。ピープスの先祖の一門は地主階級の出身で、有利な結婚などで財をなし、ケンブリッジ近郊ではかなりの裕福な家柄になった。親戚には大地主、国会議員、判事、弁護士、医師などの有力者がいて、サミュエルの曾祖父とその後妻のあいだの娘、つまりサミュエルの大伯母であるが、この女性が同じ地方の名家のサー・シドニー・モンタギュに嫁いだ。その次男エドワードはサミュエル・ピープスの父のいとこに当たり、サミュエルより八歳年上であった。このエドワードがやがて動乱期の政治、軍事、外交で頭角を現し、一時は閉門同様だったが、王政復古で要職に就く。この人がエドワード・モンタギュ、のちのサニッジ伯爵である。ピープスはこの縁故によってエドワードのもとに仕えて出世の糸口をつかんだ。

他方、ピープスが生まれて約半年のち、一六三三年の一〇月十四日にセント・ジェイムズ宮殿で、時の国王チャールズ一世に第二王子ジェイムズが誕生して、ヨーク公爵の称号を与えられた。ピープスと算え年では同じ年齢のヨーク公はのちに海軍の頂点に立つ海軍本部長に就任し、ピープスはモンタギュを介してその腹心の部下となる。同い年のヨーク公とピープス、八歳年上のエドワード・モンタギュ、の三人が英国海軍を動かすようになるのはまだ先のことである。幼いピープスは、内乱のさなかに、ケンブリッジ州のハンティンドン・グラマースクール、ロンドンの聖ポール寺院付属学校をへて、ケンブリッジ大学のモードリン・コレッジで一六五四年に「バチェラー・オヴ・アーツ」の学位を得た。その後、さきに述べたエドマンド・モンタギュの屋敷に家令見習いとして入り、また大蔵省の下級臨時事務員も務めていた。一六五五年には十四歳のエリザベス・サン・ミシェルという名のフランスからの貧しい亡命者《ユグノー》の娘と結婚した。

ピューリタンによる市民革命と内乱が過激化し、国王のチャールズ一世がついに斬首の刑に処せられたのは一六四九年のことである。そのときまだ十五歳の少年ピープスは、あとで述べるようにそれほど深い考えもないまま、時代の空気にのみこまれて革命派に心酔し、国王処刑の報に興奮のあまり、学校友達の前で、「邪悪なる者たちの記憶は朽ちる」とはこのことだ、と『聖書』のことばを後先の考えもなく口走ったので、それから一〇年後、王政復古体制のもとで後悔し、ひどく気に病むことになる（一六六〇年十一月一日）。

王政復古期の地位ある人々にとって革命期の軽率な言動は大いに気になることである。事実『日記』には、いつまでも過去の言動を悔い怯える人、新体制に平然と乗り換える人、などの実例が続出する。革命期に過激な説教をした牧師たちの説教を集めて新体制のもとで出版する意地悪い出版者も現れた。『日記』に限らず、当時の文書や文学作品を読むときは、こういうデリケートなスタンスに気をつけるのがよい。そこが面白いところで、太平洋戦争前後をはじめとする我が国のいくつかの大事件をめぐっても、よく似た例はいくつもある。

ピープスが若い頃に膀胱結石の手術を受けたこともここで記しておこう。少年時代から腹痛や血尿に苦しみ、冬の排尿時の痛みは耐え難かった。手術という道はあったが、当時の麻酔や消毒の実情を思えば、それは極端に危険な賭けである。ところが、たまたま近所に結石の専門家とされるトマス・ホリアーという外科医が住んでいて、散々悩んだ末に覚悟を決めたピープスは一六五八年の三月にとうとう手術を受けた。当時の結石手術の様子を描く絵が残っているが、椅子に患者を縛り付けたうえに、三、四人がかりで押さえつけ、患者の拡げた両足のあいだにもぐりこんだ医者がメスで切開する、という乱暴なもので、患者は命がけである。このときの手術で取り出したピープスの石はかなりの大きさで、ピープスはのちに、石のサイズに合わせて作らせた特注の箱のなかに収めてこれを大切に保存した。

彼が子どもを儲けることができなかったのは、この手術のせいだったらしい。『日記』に続出する彼の時に露骨な女性関係から見て、性的能力は保全されたようだが、もちろん実情は判らない。痛み、血尿、排尿障害は治らず、その後も彼を苦しめた。特に困るのは、『日記』からよくわかるように大事な仕事でくたびれたときに症状が出ることである。例えば、「今夜寝小便をする奇妙な夢を見たが、実際にもそうしていた。ふとんを蹴飛ばして、寒くなり、朝目がさめてみるとびしょ濡れで、排尿の際、たいへん痛みがあった。たいそう憂鬱になる」と書いたのは一六六〇年五月二十八日で、チャールズ皇太子、自称チャールズ二世が大陸亡命から帰国、ドーヴァーに上陸してから三日目のことである。ピープスは国王出迎えの軍艦に乗って事務万端、乗船者への応対、船室の割り振りを引き受け、疲れ果てていた。こうして、痛みをこらえながら彼は大変動の日を迎えた。

ここでふたたび『日記』書き出しの記念すべき一六六〇年一月一日に戻ろう。『日記』本文に入る前に彼は元日の公私の情況を簡潔かつ上手にまとめて記しているので、『日記』

の入り口でこれを頭に入れておくのが便利である。その文章は次のとおりである。

神は褒むべきかな。昨年末には健康は至極良好。例の痛みが感じられるのも、冷えたときだけである。

住所はアクスヤード。妻と女中のジェインと一家三人暮らし。

妻は七週間月経がなく、妊娠かと思わせたが、大晦日になって始まった。国の状況は以下のとおり。臀部《ランプ》議会は、ランバート卿の騒動のあと、先頃議席に戻る。陸軍将校たちも譲歩せざるをえず。ローソンはいまだテムズ河に碇泊中、モンクは手勢を率いてスコットランドにあり。ただランバート卿は議会に出頭せず、強制連行せぬかぎり、その見こみはない。

新選出のロンドン市議会下院は意見強硬、モンクに正式使者を送り、自由にして完全なる議会を欲する旨の希望を通達す。これは現在万人の求め、願い、期待するところである——以前に除名された議員二十二名、先週議事堂入り口に集まり、入場を要求したが、拒絶された。彼らも民衆も、議員が補充されぬうちは、納得しないと思われる。

わたし個人の身の上はたいそう結構なもの。裕福と見られているが、その実、家財と勤め口以外、たいへん貧乏である。しかもその勤め口たるや、現在いささか危なっかしい。ダウニング氏がわたしの勤め先の長である。（第一巻、九―一〇頁）

日記の最初の日、一月一日の記事では、フリート街の用水路のあたりにロンドン・シティ当局が大きな柱を立てたのをピープスは見た。シティがランプ議会に抵抗して防衛施設を構築しはじめたのだが、これは議会の抗議で翌日撤去された。シティと議会とのこの時点での力関係を示す事件である。シティも自衛の軍事力を持っているので、悪くすればロンドンで市街戦が始まり、もしそこにローソン海軍司令官が介入して軍艦から砲撃でもしたら大変なことになる、という危機的な状況である。そのなかでモンク将軍の陸軍だけが特別の注目を集めているように見えるが、ローソン指揮下の海軍の動向、艦砲による威圧も重要な要素である。いざという時にはテムズ河を遡航してロンドンに接近できる海軍の「プレゼンス」、と今なら言うだろう。この日は日曜日、『日記』の言い方では「主日」で、ピープスはエクセター館の教会で説教を聴いた。この教会はもともと当時非合法となっていた英国国教会の信仰の場である。ピープスは特に信心深い人ではないが、国教会体制反対を口走るようになった母親と議論した、と記す程度の国教会派で、こまめにあちこちの教会で説教を聴いていた。しかし、これは信心に発するものではなく、単に説教好きだったようで、信心と説教好きとは彼にとっては別物だったようである。また、教会で若くきれいな婦人を物色し、彼女の席に近づくこともあって、これも彼が教会に出入りした強い動機である。

さて、この日の説教の題（聖句《テクスト》）は、「ガラテア人への手紙」、四章四節の「定めの時に、神はご自分の御子を遣わし」という箇所だった。我が英国にも定めの時が来て、国教会信者は御子により迫害と苦難から救われる、という国教会派の願いをこめた聖句だった、と解することができるだろう。その御子は誰か、誰が「地主」か、が大問題である。正面からの現体制批判はしないが、説教の題に選ぶ聖句、テクストにメッセージをこめるという場合があった時代のことである。あとに続く「律法のもとに生まれさせて」という句については、御子の割礼を意味する、と牧師が説いたとピープスは記すが、このもっともらしい釈義は世間に対する目くらましで、「いまこそ御子の誕生の時、救いの時が来たのだ、革命の圧政と混乱の日々は間もなく終わる、海の向こうからチャールズ皇太子が帰国し、英国に平和がもたらされるのだ」という「福音」を牧師は告げている、と私は理解する。だが、ピープスはそこまでは書かない。

説教を聴いたあと父の家に行く途中で、シティ側がランプ議会に対抗する防衛の柵を建て、議会側がそれを撤去に取りかかっている、という先に述べた有様を彼は実際に見た。事態は混乱しているものの、大きな流れはもう見えていた。一月三日の記事では、ランプ議会が、チャールズ一世処刑に反対する議員を除名した一〇年あまり前の手続きは有効だった、と改めて決議したという。追放された議員の復帰、自由選挙を求める人々の声に現議員はまだ抵抗していたのである。これはいわば最後のあがきのようなもので、ホワイトホール宮にはモンクのための部屋が用意され、彼のロンドン入りの日が近いことをピープスは感知したはずである。モンクのために特製の椅子が用意された、とオーブリーの記事に見える。

ランプ議会、シティ、王党派の三派、それに過激な将校団が加わり、それぞれの思惑からモンク将軍に大きな期待を寄せるなかで、「モンクは今、絶対的な支配と権力をもち、したいと思うことはなんでもできるらしい」というのがピープスの二月七日の観察であった。自分が仕える主人のエドワード・モンタギュのことをピープスは「殿様《ミロード》」と呼ぶが、和風に言うと「頼うだ御方」である。殿様は秘密裏に各方面との水面下の連絡と政治工作に奔走し、配下のピープスも深い事情は分からないが暗号の手紙の解読と執筆の仕事で忙しい。モンクとシティ議会（the Common Council of the City）が対立し、このときはランプ議会支持と見えるモンクが、議会への拠出金を拒否したシティの強硬派を逮捕するため、シティ地区に兵士を率いて進入する事件があったことが、ピープスの二月九日の記事で分かる。モンクがシティ議員多数（実は九名）を逮捕したことも記されている。これで見ると、モンクは唯々諾々とランプ議会の要求を実行しているかに見え、それに追い討ちをかけるように翌一〇日に議会側はさらに強い要求を抵抗するシティにつきつけた。しかし、その夜には、モンクの腹心の部下たちが、シティ支持に踏み切るように彼に強く説得していたという。この場には悪妻で知られる彼の妻とその兄が加わっていて、家族会議のようでもある。どういう話し合いがあったかについては、先にふれたロバート・ワイルドの詩『北風の道《イター・ボリアーレ》』（*Iter Boreale*）にいくらかの示唆がある。

ワイルドの筋は次のようである。モンクは考える。議会は俺にシティの掃討作戦の指揮をさせたが、よく考えてみれば、これはシティの抵抗を排除すると同時に、俺のランプ議会への忠誠心を試す策略でもあった。また、シティの反感を煽る作戦でもある。ランプ議会・モンク・シティの三者の駆け引きの中でどう身を処したらいいか。「議会は俺をシティの清掃人としてこき使い、むこうの抵抗施設を一掃させたのだ」とモンクは悟る。議会は「長期議会《ロング・パーラメント》」、積年のゴミと汚物で悪臭を発し、市民の鼻つまみと化した。シティよりも、議会の掃除、ランプの先生たちの明かりの煤払《ランプ》いが先ではないか、と。「俺は今日からロンドン市長の太刀持ちになって、議会と闘うぞ」と叫ぶ、というのがワイルド作の詩のナラティヴである。モンクは妻、義兄や参謀格の部下から夜を徹してこういう説得を受けたようだ。話としてはとてもよく解る。陸軍の権力者モンクも、艦隊の司令官ローソンも、乗り換える相手は異なるが背信・背進者と言われても仕方がない。しかし、動乱の時代のことで、急流に流された、と彼らを弁護する人があってもおかしくはない。

右に述べたような経過があって、形勢が一転したのはその翌日の十一日である。ピープスが昼にウェストミンスター会館に行ってみたところ、モンクの動向について最新の情報を得た。「モンクは今度またシティへゆき、国会の欠員の即刻補充に賛成の決心をした」というのである。過激派に追放された議員を復活させよ、ランプ議会存続反対、という意味で、モンクの進む方向の重大な転換である。モンクが議会《ランプ》を捨ててシティについた、というのだから、ピープスはびっくりしたにちがいない。このニュースはあっという間に拡がり、「(ウェストミンスター)会館の人びとの表情が半時間のうちにすっかり喜びに変わるさまは、たいそうふしぎだった」。ピープスの好奇心も一挙に高まり、この大事なときのシティの様子をわが目で確かめようと彼は馬車を雇ってロンドン市長公舎に駆けつけ、玄関に集まった大群衆とともに長いあいだ待った。

やがて彼は、モンクが市長や市参事会員たちとの会見を終えて出てくる場面、モンクとシティ市政の幹部がにこやかに手を握る現場、を見届け、確認したのであった。これは現代日本の政党領袖の会見などの場合にもよく見かける光景である。その上に、事件記者さながらにピープスはモンクの秘書のマシュー・ロックをつかまえて、モンクの今の立場について詳しい質問までしている。議会の過激派議員は王政否認の動議を出して抵抗していたが、多くの人々がモンクの兵士を酒食でもてなし、金銭を与え、歓呼の声を上げている様子もピープスはしっかり「この目で見た」。シティにゆかりの深いボウ教会をはじめ、シティのあらゆる教会の鐘が鳴り響き、ピープスが家路についた午後一〇時頃には、中心部のチープサイド大通りには数え切れないほどのかがり火が焚かれていた。のちに海軍事務局で会計や艦艇や装備の数字を大事にするピープスは、この時分から几帳面で、かがり火の数を正確に数えて『日記』に記した。モンクとシティの連合が成立し、ランプ議会に対抗する、という体制が、すくなくともこの時に成立したのである。言い換えると、ランプ・モンク・シティの関係がこの時に一転した。

かがり火の数は、聖ダンスタン教会とテンプル・バーの間だけでも十四あった。ストランド橋から一目で眺めて、三十一のかがり火が数えられた。キング通りには七つか八つ、ずらりと並んで燃え、尻肉《ランプ》をあぶり、乾杯していた——尻肉を棒にくくりつけ、あちこちもって歩いていた。ストランドの五月柱《メイポール》の肉屋たちは、尻肉を火あぶりにするときに、肉切り包丁をジャーンと鳴らしていた。ラドゲイト・ヒルでは、一人が尻肉をくくりつけた焼串を回し、もう一人がそれにたれをかけていた。いやまったく、事の大規模なこと、突然なこと、想像を絶するほどだった。通りの端から見ると、炎の道が走っていると思えるほどで、その熱いことときたら、熱さのためだけで反対側に身をすくめていなければならぬほどだった。（第一巻、五六頁）

このあとピープスは一旦家にかえるが、興奮さめやらず、妻を連れてまた出かけ、かがり火の様子を妻にも見せてやった。街頭で尻肉《ランプ》をあぶり歓声をあげる市民の「ランプ」に対する反感と、解放の喜びが伝わってくる記述である。

燃えるかがり火はテムズ河南岸のランベスあたりからもよく見え、鐘の音も河を越えて響いてきた。この地のランベス・ハウスという建物に拘禁されていた王党派の人々が対岸の異変に気付き、その一人サー・ジョン・スティヴンスは、クラレンドン伯爵エドワード・ハイドの回想によると、すぐに配下の若い者に対岸の様子を偵察させ、そのまま一刻も早く皇太子側近のオーモンド侯爵に見聞きしたことを報告するように命じた。シティ周辺の情況を把握したその若者はドーヴァーに急ぎ、小舟を雇ってオランダのオステンドに渡り、ふらふらになってブリュッセルにたどり着いたという。もちろん彼はサー・ジョンの身分証明書を携行しており、とぎれとぎれの報告ぶりやサー・ジョンの信用度から、信憑性は高い、と側近の者たちは判断した。皇太子の寝所の下に彼と行動を共にするクラレンドンの部屋があって、国王は、なにかよい話はないか、と毎日その部屋へ降りてくるのが常だったというが、お付きのオーモンド侯爵がこの若者を連れてチャールズ皇太子とクラレンドンのもとに現れ、ロンドンからの吉報を伝えたのである。モンク将軍がロンドン・シティの防衛施設を破壊、撤去したとのニュースを聞いてこれまで失望落胆していた皇太子は、ここで大いによろこんだ。だが、喜びと失望の連鎖はこれまでにも度々あって、彼の復位までには、さらに長い道のりがあったのである。被排除議員が復帰したとしても、彼らは所詮共和制支持者であり、信頼できるか。しかし、次々に使者が来るにつれ国王も次第に信頼と自信を深めた。

ここで『日記』にはないがぜひ記しておきたいエピソードがある。昼間、モンクと市長らの会談が終わって公舎から出てきた人々のなかに、のちのシャフツベリー伯爵、当時はアントニー・アシュリー・クーパー、がいたことである。彼の伝記作者ヘイリーによると、彼はモンクと市長の和解の仲介人のひとりで、馬車で公舎を離れるときの「ランプを倒せ」の喚声を聞き、窓を開けて群衆に向かい、「諸君、残り物《ランプ》に福ありと言うじゃないか」(What, gentlemen, not one good piece in a rump?)と言った。一応の訳を掲げたが、この洒落はたいへんよく出来ている。もちろん、残り物、ランプ肉、ランプ議会のことを言っているのである。

モンク将軍の突然の裏切り、または方向転換が、本当に突然だったのか、既定の作戦の一部だったのか、『日記』からは読み取りにくい。『名士小伝』で当代の人物について鋭い観察をしたジョン・オーブリーによれば、シティのスレッドニードル通りの群衆が口々に「自由議会を開け」と連呼し、騒動になった。晩にモンクが馬に乗って現れたところ、あまりの人数の多さに怖くなって、人々をなだめるため、「静粛に、きっと自由議会を開かせる」と叫んでしまった。そこで万歳の声があがり、ニュースが伝わって教会の鐘が鳴り響き、シティ一帯がかがり火で炎に包まれた。尻肉《ランプ》を焼き、国王万歳を唱え、家のバルコニーが燃えあがる騒ぎもあった。午後八時ごろのことだ、とオーブリーは記す。ピープスの同様の記述から見て、オーブリーは二月十一日のことを言っている。オーブリーの話を信じるなら、モンクの方向転換は群衆に囲まれた彼の恐怖心から発した咄嗟の発言による。

ただし、モンクはランプ議会と完全に手を切ったのではなく、まだ曖昧な言動をしていた。彼は王政復古設計の「技師」と言われることがあるが、明確な設計図を持ち合わせてはいなかった、というのが実情だろう。「この状況を的確に把握したスコットランド軍司令官ジョージ・マンク」と日本の或る英国史書に出ているが、私にはこれは信じがたい。水面下の活発な話し合いや取引も、多くの歴史書、回想録などに指摘されているが、書き手の政治的立場が反映されたナラティヴであるから、さまざまである。モンクの説得に来たランプ議会の使者とシティの使者がモンクの宿所で鉢合わせした、とか、モンクのたくましい妻とその兄がモンクに二人がかりで決意を迫った、というたぐいの話も伝わっている。設計図は毎日書き換えられていたのだろう。

それから一〇日後の一六〇〇年二月二十一日の朝のこと、ピープスは大勢の兵士がやがて国政の中心となるウェストミンスター地区に向かって行進するのを見かけ、さっそくそのあとを追ってみた。モンクがシティ側に立つ決意表明をしたとはいえ、情勢はまだ混沌として流動的である。しかし一方では、混沌の収拾にはピューリタン革命以前の君主制への復帰しかあり得ない、という人々の気持ちが日ごとに強まり、その実現を求める請願やパンフレット類が続々とモンクの手許にとどき、市中にも出回っていた。前日の二〇日にピープスが酒場でたまたま見かけて読んだ文書もそのひとつである。そのせいもあって、ピープスは二十一日の朝、今日は何かあるぞと待ちかまえていた気配がある。ピープスの勘が当たって、配下の軍隊の護衛のもと、モンク将軍が共和制時代に排除されていた議員たちの議会登院、つまり被排除議員復帰をついに実行したのであった。しかし、実行したとはいえ、相変わらずモンク将軍の態度には煮え切らぬところがある。想像すればきりがないが、ピープスはこの日のことを独自の情報源から聞き知っていた、との気配がある。

この日ホワイトホール宮に集まった（あるいは、モンクが集めた）被排除議員の約二〇名に向かって、モンクは「共和政を褒め、チャールズ・スチュアートに反対」する演説をした、とピープスは記した。これは日和見演説、いや欺瞞演説といわれても仕方がないだろう。また、モンクがこの方針を勢揃いした被排除議員に「勧めた」ともいう。今日は大事な日だから、登院しても過激な言動は慎んでもらいたい、というのが彼の本音で、それがモンク配下の将校や兵士による復帰護衛の条件でもあったらしい。もしこれが本当なら、彼は部下の将校、兵士にまで遠慮していた、いや、部下を欺していたことになる。「現状維持、チャールズの復帰反対」というこの要請は彼の本心ではなく、被排除議員のスムーズな議場入りを図るための作戦だったようだが、真相は私には判らない。もし君主制が復活したら重大な事態を招く、と被排除議員に脅迫めいたことも言ったという説さえある。この段階でモンクは、共和制を擁護する姿勢を外部には見せていたのである。

そのうえ、被排除議員たちの下院入場は一団となって正面突破というかたちではなく、ひとり、またひとり、というようにさりげなく行われたために、従来のランプ議員たちは被排除議員の入場に気が付かず、被排除議員たちが議場に入ってやっとそれと知った、という有様だった、とピープスは記している。隣りを見たら見慣れぬ者がいる、という具合だったのであろう。さらに滑稽なことに、被排除議員の入場のために議会入り口にモンクが配置した兵士たちのことを、ランプ議員たち、いわゆるランパーたちは、被排除議員の侵入を阻止するための措置である、と思いこんでいた、ともピープスは書いている。モンクは前もって両派の議員たちに何らかの下工作をしていて、その作戦が功を奏したのだろう。前日の二〇日にすでに被排除議員の復帰が噂になり、彼らの復帰なしにいきなり新議員の選出を求める要求がレンソール下院議長に出されていたことも、ピープスの『日記』

でわかる。議長はその要求を拒んだが、もし受け容れたら被排除議員側が議長に対して実力行使をするかもしれず、議長はそれを恐れて拒否したのであった。平たく言えば、復帰は実力を行使しても保証するが、議場での性急過激な言動は、少なくとも今回は慎んでもらいたい、というのがモンクの条件、苦肉の策だった、とも考えられる。少なくとも『日記』の文章からはそう読めるのである。過激な将校や兵士の裏をかく作戦が背後にあったのであろう。

モンタギュ夫人の父親で、「殿様」の義父にあたるジョン・クルー氏は長老派系の人で、この日復帰した議員のひとりである。彼は昼頃に議事を終えて議場を出てきたところで、群衆のなかにピープスを見つけた。「見つけた」とピープスは書いているが、この日の議事の結果はどうなったか、と現代の報道記者のようにピープスのほうから入り口で待ちかまえていた、と言ったほうが正確だろう。また、娘婿への緊急連絡のためクルーがピープスを呼び寄せていたとも考えられる。「クルー氏は、わたしを見つけると」とさりげない書き出しだが、ホットニュースを求めて、日頃の情報源である「殿様」の義父に駆け寄る番記者さながらのピープスの姿が目に浮かぶ。クルー氏はクルー氏で、ピープスを通じて一刻も早く娘婿モンタギュに伝えたいことが山々あった。

この婿は後述するように、貿易ルート防衛、その他の任務でバルト海付近に前年春に出撃した艦隊の司令官だったが、議会は司令官を信用できず、監視役として三名を弁務官に任命して送り込んでいた。すぐあとに述べるように、バルト海艦隊の独断引き上げでモンタギュは帰国後に地位を剝奪され、ケンブリッジ近郊の自邸に引きこもっていた。クルー氏は、一日も早く娘婿が日の当たる場所に復帰することを熱望し、そのチャンスが来た、と興奮の様子である。ピープスも司令官失脚の事情はよく解っている。モンタギュのため何とかしたい、との両者の気持ちがここでぴったり一致する。ピープスは求められるままにクルー邸まで同行し、食事を共にし、おそらく目を輝かせて議場での話を事細かに聴いたであろう。現代風に言えば、両者の利害が一致して、彼は政界有力者との独占インタビューに成功したのである。

議会では、モンクがイングランド・スコットランド・アイルランドの陸軍司令官に任命されたこと、海軍司令官のジョン・ローソンは、前年末の国防委員会が起こしたクーデターの時に議会派に寝返り、反乱を鎮圧するのに顕著な功績があったことを認められて、「当分の間」は海軍司令官の地位にとどまること、などが午前中に議決された、とクルー氏は語った。ここで強いてローソンを解任してモンタギュと交代させると海軍が不穏の行動に走る危険がある、との配慮が見えるが、これは主として復帰した議員たちの考え、であろう。どうか今日は慎重に、というモンクの要請が利いたのであろうか。ローソンは叩き上げ《タポーリン》海軍士官で、海軍での現場経験は豊富でも紳士階級出の元司令官のモンタギュとは肌合いが違う。政治的信条にも問題がある。だが、急ぐことはない、婿が海軍の指揮に復帰する日も近い、とクルー氏は思い巡らし、婿の将来のためにここは妥協した。こういう微妙な事情の説明も加えながら彼はピープスに詳細を伝え、解説したのではあるまいか。クルー氏の娘可愛さが政治を動かしているようだが、すべては危うい均衡の上に成り立っていた。クルー氏はなぜこれほど娘婿の海軍復帰を画策するのだろうか。

思い起こせば前年の夏の共和制末期のこと、リチャード・クロムウェル辞任後の混乱の頃に、モンタギュは英国艦隊を率いてコペンハーゲンに向かい、スウェーデン・デンマーク紛争の解決という緊急の外交と、オランダ艦隊に対する牽制、北欧貿易の防衛、の任務に従事していた。バルト海周辺に産する造船用木材、マスト材やタールの獲得が彼の手腕にかかっていたが、宿敵のオランダ、フランスも介入して艦隊を派遣し、バルト海の出入り口のサウンド海峡近辺は危険な状況が生じていた。狭い海峡の通過保証は各国の利害に結びついている。しかし、不安定な本国政府の冷たく意地悪い仕打ち、自分に対する監視者派遣、議会への不信感から、モンタギュ司令官が、搭載糧食の枯渇、病人続出を理由に、指揮下の艦隊を八月に急ぎ本国に引き上げる、という事件が起こった。

出撃した艦隊の食糧枯渇はピープス『日記』にもしばしば見えて珍しくもないが、モンタギュのこの場合は表向きの言い訳でもあり、王政復活の謀略の一部である。イングランドでの反共和制蜂起も視野に入れたモンタギュには蜂起に合わせた艦隊の圧力行使など、さまざまの政治的意図もあったらしいが、彼の行動は職責放棄であり、反乱鎮圧後に帰国した彼は司令官の職を解かれて、ケンブリッジ近くのヒンチンブルックの自邸に引き籠もってしまった。引き上げ前に、議会から送り込まれた三人の弁務官も含めて激論があったが、結局は独断引き上げとなった。もし艦隊引き上げを議会側弁務官に事前通告していたならば、あるいは彼らが察知していたら、モンタギュは艦上で逮捕されていただろう、とクラレンドンは書いている。

考えてみれば、これもモンク将軍とその軍隊の南下と並行する海軍版の艦隊南下で、もし国内蜂起と同調していたら王政復古は一六五九年の秋に実現していただろう。モンタギュ司令官の決意は一六五九年八月のことで、モンクの南下に先立つことほぼ四ヵ月になる。

後日ピープスが殿様に、いつ頃から大陸の国王（チャールズ皇太子）と秘密交渉をはじめたのか、を問うと、それはコペンハーゲン近海に艦隊を率いて行った頃だ、と答えている。本国政府との冷たい関係のもと、対岸のオランダにいるチャールズ皇太子側の密使の手紙を読み、チャールズ支持、王政復古へと進路転換の舵をこの時に切ったのである。この話は『日記』でかなり知ることができるが、事情は、クラレンドン伯爵の『大反乱史』（*History of the Rebellion and Civil Wars*）に詳しく書かれている（W・ダン・マックレー編、『大反乱史』第六巻、一八七頁以下）。大陸の国王側はコペンハーゲンにいるモンタギュに手紙を送り、貴下の艦隊をイングランド近海に移動させれば、チャールズ皇太子あるいは王弟のヨーク公が乗艦してイングランドに上陸し、王政回復に乗り出す用意がある、と伝えた、とクラレンドンは書く。コペンハーゲンではランプ議会が派遣した監視者がいて、双方の使者の鉢合わせになった。モンタギュの艦隊がイングランド沖に出現するか、ローソン艦隊はテムズ河に入るか、と、ここでも鉢合わせの可能性があった。誰でも思うことだが、ピープスの『日記』がこの頃にはじまっていたら、スパイ小説さながらの記事で一杯、極上の読み物になっていただろう。ついでに言えば、彼が『日記』継続を眼疾のため断念したあとにも政界をゆるがす大事件が続くが、この時期の『日記』欠如のほうがいっそう残念でならない。ただし、ピープス『第二の日記』といわれる『タンジール日記』は保存されているが、これは日記ではなく記録に近い。『日記』の前後の数年分があったら、と今更ながらため息が出る思いである。

モンタギュの自邸引き籠もりの後任司令官がいまではランプ議会を支持するジョン・ローソンであった。名門出身のモンタギュと叩き上げのローソンとの違い、思想・信仰上の対立が両者のあいだにあって、彼らの関係は微妙であり、それはピープスもよく知っていたはずで、ローソン留任についてのクルー議員の説明も十分に納得できただろう。それにしても、バルト海付近、コペンハーゲンにいたモンタギュが、通信手段が限られた当時にどうして複雑な合議、交渉ごとを実行できたのだろうか、同行したピープスは何をしたか、私にはまだ判らない。

さて、被排除議員の復帰という目下の情勢に話を戻すと、このような一六六〇年二月のロンドンの政情の急変を、クルー氏の意をうけて逐一モンタギュ殿様に緊急報告し、殿様の指示を実行していたのがピープスである。被排除議員の復帰というこの日の情況を前にしてクルー議員は、娘婿モンタギュの出番がふたたび回って来る、と小躍りする思いだったにちがいないし、モンタギュ配下のピープスも同じ気持ちである。「彼（クルー氏）はたいそう喜んでいて」、というピープスの簡単な言及に注釈すればこうなるだろう。クルーもまたすぐに婿に連絡して情況を伝え、かつピープスには、婿をロンドンに呼べ、本人にその気さえあれば「今ではまた役職につけるだろう」と、婿の要職復帰の見通しもピープスに語った。ローソンは過激に近い共和主義者であり、過激な第五王国派といわれる集団の叛乱に参画したとの嫌疑を受けて、一時は拘束されたほどの人物である。モンク、クルー、モンタギュらは揃ってローソンに不信感を抱いていた。

この日クルーはモンクと協議し、「当分の間」はローソンを現職にとどめ、しかるべき時期にモンタギュの復職、という方針で合意した、と見られる。「共和制賛成、チャールズ復帰反対」という了解のもとに被排除議員を議会に復帰させる方式と併せ考えると、まずは現状を踏まえて見かけは穏便な策を採る、というモンクの方針が『日記』から推測できる。きわどい政治の場では「嘘も方便」が通用する。「当分の間」と言ったが、あっという間にモンタギュの復活、ローソンの格下げが実現した。何とも短い「当分の間」であった。というのも、ピープスが三月三日にモンタギュの殿様がモンクと並んで海軍司令官に選ばれたことを知ったからである。複数の司令官というのも変な話だと『日記』の読者はいぶかしく思うが、続けて読むと、その晩に殿様はピープスに、「殿様の任命辞令を手早く片づけるよう」に命じ、「新しい企みの気配があり、モンクに天下を取る気があるのかもしれん」からだ、ともおっしゃった、とある。

クラレンドンによると、「何事でも、参画させておくがいい」のがモンクで、下院もまだ要注意だ、との噂も流れていて、事態は「たいそうあいまいな情勢に」ある。修道士《モンク》モンクはまだ彼の表情を隠す僧帽《フード》を完全に脱いではいない。モンタギュ殿様といえども、辞令を手に入れるまでは安心できない、という情勢だったのである。何を企んでいるか判らぬモンクのことだから、自分の海軍司令官任命もいつ取り消しになるかわからぬ、との不安がモンタギュの心をよぎったのだろう。もともと連名で海軍司令官に任命されたのであるから、モンクがひとりで艦隊を動かす気になるかもしれない、と疑心暗鬼に苛まれていたようである。何とも動きにくい時勢である。

ここでピープスも重大な場面を迎えた。右に述べたような政治的背景を思えば、三月六日にモンタギュ殿様がピープスに秘書就任の話を切り出したのも筋が通る。不安定な時期に国家を動かす大事を引き受けたからには、敵か味方かはっきりしない人々が出入りするなかで、本当に信頼できる秘書官が絶対に要る。あとで述べるように、この時の秘書官は生命の危険さえある任務である。モンタギュにはクリード氏という秘書官がすでにいたが、彼は共和派で、微妙な時期の秘密交渉には参画させたくない。そこでピープスに白羽の矢を立て、クリードのほうは艦隊の会計補佐官に転出させた。

三月十三日の『日記』には、ピープスがクリードの人事異動を知って、やりにくいな、と当惑する記事がある。海軍事務局の慣例でいえば、秘書官と会計補佐官とは同一人物の仕事であったというが、モンタギュはピープスを身辺に置くためにこれらの役目を二分してそれぞれに専念させた、いわば政務秘書と事務秘書にそれぞれ別人を任用したかったのである。海軍司令官就任から三日後の三月六日に、殿様はピープスをひそかに庭に誘い、秘書になって助けてもらいたい、と切り出した。両者の上下関係から言えば、この記事でモンタギュ殿様は配下のピープスに丁寧な物言いをしている。それはピープスにとって生涯で最大の転機となる事件である。

庭へ出ると、わたしの身の上をおたずねになり、わたしの力になってやるよう、伯父にもいろいろ口添えしたが、伯父はそのことにはなにもいわなかった、とおっしゃった。また、この時期に、なにかいい地位がないものか、よく見張っているように、とのご意見で、自分自身でも口ききはするし、イギリス中の友人の力を借りても、おまえのためになることをしたい、とおっしゃって、どうだろう、あまり不都合でもなければ、秘書として航海に出られないか、とおたずねになり、考えておくように、とおっしゃった。それからまた国事の話をおはじめになり、航海中秘書の資格で信用できる男が一人必要だ、だから行ってほしいのだ、とおっしゃった。（第一巻、八〇頁）

ピープスの返事も聞かぬうちにモンタギュは続けて、「国王の復位があると思う」と重大発言をし、世間やシティの動向などをかなりあからさまに語りはじめた。モンタギュはそこまでは明かさなかったが、「航海に出る」（go to sea）とはチャールズ皇太子を迎えにオランダに赴くことである。ピープスは話を聞いて嬉しく、かつ感動し、主人の信頼に応えようと覚悟を決めた。そして、九日に秘書役を受けると殿様に正式に返事し、大蔵省の仕事をとりあえず別人に代行してもらう手続きなどをした。それからのち、モンタギュは真の意味でピープスの「殿様」、「頼うだ御方」となった。大蔵省のダウニングの使い走りという端役に比べると大変な出世である。

この感激にひたりながら、ピープスはどさくさのなかで抜け目のない仕事もしている。過激派の陸軍将校がチャールズ復帰反対で抗議してまわり、モンクが彼らの代表と話し合いをして情勢緊迫の日の昼頃に、ピープスは「犬《ドッグ》」亭というパブでホランド艦長という知り合いに会い、予定された航海をどう利用するかについて悪知恵を授けられた。ホランド艦長の案は、艦に五、六人の使用人を乗せて、その給与をピープスが適当に決めて払う、ということにしたら、というのであった。そうすれば、彼らの給与全部がピープスの懐に入る、と艦長は言った（三月八日）。架空人員か、給与差額のことか、この仕掛けの細部はよく判らないが、国の体制変革の瀬戸際にもこのような個人所得がからんでいることは、ありそうな話である。

それだけではない。司令官秘書として艦長たちの任命辞令書《コミッション》を書けば、当該艦長から謝礼《コミッション》が入る、という仕組みが慣例として堂々と通用していた。『日記』を読むには、この確固とした慣例を知っておくと便利である。十八日のウィリアムソン艦長任命の場合は金貨一枚と銀貨二〇シリングの謝礼であった。艦長ばかりでなく、従軍説教師からさえ半ギニーを受け取っている。これは三月十四日の記事にあるもので、モンタギュ邸の庭で秘書就任交渉を受けて一週間経ったばかりのこと、すぐあとの十六日には「起床したとたんに、たくさんの依頼人に悩まされる」までになった。艦隊の出航には、人員、装備、弾薬、糧食など、ありとあらゆる利権が絡んでいて、いまのピープスはその末端の利益に参画したばかりである。

話は前後するが、六月三日に貯金を計算してみると一〇〇ポンド近くなっていて、本人もその増えかたの早さに驚き、「全能なる神を祝福」した。オランダに向かって航海に出た三月下旬には、二十五ポンドもなかったと本人が書いているのだから、僅かの期間に懐の金は四倍にも跳ね上がったことになる。ただし、収入は謝礼ばかりではなく、帰国の喜びのあまり国王やヨーク公が派手に関係者に下賜金を振る舞ったせいでもある。この頃のピープスは一〇〇ポンドで大喜びだが、やがて貯金はますます膨れあがる。

話を元に戻すと、三月十六日に長期議会はついに解散し、四月二十五日の新議会発足を決めた。最後の会議で、殿様の義父で、二月に議員復帰したばかりのクルー氏は、国王チャールズ一世処刑を非難する決議をまず採択し、しかる後に解散するのが筋である、と演説し、一部の議員から烈しい反論を受けたという。チャールズ皇太子の帰国必至の情勢とはいえ、この反論は危険を冒して勇敢に信念を吐露したもので、立派な行動だ、とモンタギュの伝記作者は評している。多くの人々が身の安全、身の振り方を気にしはじめた最中のことである。シティ各所ではまたかがり火が焚かれ、「国王万歳」の声が響く、という有様であった。クルー氏の強硬な提案にはこのような背景があった。

2　オランダへの航海とチャールズの帰国

三月二十三日にピープスはモンタギュ司令官に随行してテムズ河に碇泊する軍艦スウィフトシュア号に乗り込んだ。麾下の各艦艇から一斉に礼砲が鳴り響き、すぐに来艦してきたローソン副司令官は殿様に「たいそううやうやしい態度」で挨拶した。ローソンは束の間の司令官の地位から降格されてモンタギュの配下となっていたが、彼の心境はどうだったろうか。彼の「うやうやしい態度」は予想外のこと、多少不気味な態度としてピープスに受け取られたようである。現代の歴史家のロナルド・ハットンもローソンの態度の転換は「不思議だ」と言う。同志への「反乱」だと言う者もあった。叩き上げ艦長、テクノクラートとして政治の方針に従ったのか、態勢挽回は不可能、もはやこれまでと観念の上の服従だったのか。ピープスは、「殿様に対してたいそううやうやしい態度だった」と記すのみである。

うやうやしい態度と言えば、司令官直属の秘書になったピープスもまた丁寧な応対や処遇を受けるようになっていた。二十五日に軍艦に到着した郵袋《ゆうたい》のなかに、ピープス宛ての知人ブラックバーン氏からの手紙があり、宛名が「サミュエル・ピープス、エスクワイア」となっていた。ブラックバーンが気を利かせて表書きしたもので、単なる「様」ではなく、「殿」と書かれていた、というような意味であるが、ピープスの身分が「ジェントルマン」と認められたことを意味し、海軍司令官秘書官への敬意のしるしである。これを見たピープスは、「神様もご存じのとおり、わたしは少なからず誇らしく思った」。乗艦して彼に割り当てられた船室は、殿様の身内のだれが得たよりも上等の部屋だった、とピープスは満足していたが、今度は手紙の宛て名も昇格して有頂天に近い感激ぶりである。ただし、正式にエスクワイアと認められるには秋の「海軍書記官」就任を待たねばならなかったようで、この度の敬称はブラックバーン氏からのご就任お祝いである。

軍艦スウィフトシュア号に乗り込んで四日目の二十七日に、艦隊はテムズ河口に近いホープ錨地に向かって動きだしたが、ここでひと騒動があった。

副司令官（ローソンの）搭乗艦のそばを通るとき、その艦とそれに従う残りのフリゲート艦は、われわれに向けてたくさんの礼砲を撃ち、われわれもそれに答礼した。その数があまりにたくさんだったものだから、爆風でわたしの船室の窓は全部割れ、舷窓の忍び返しの鉄棒は吹っとんでしまった。（第一巻、一〇一頁）

副司令官ローソンは過激派から転向した職業軍人で、モンタギュの司令官就任のために降格させられたことはすでに述べた。彼がここで司令官座乗の軍艦に一斉に襲いかかった、としたらどうなっただろうか。その可能性を百パーセント否定することはできないだろう。この礼砲が麾下の海軍軍人からの司令官歓迎の挨拶だったのか、それとも威嚇射撃だったか、そこに疑問が残ると言う史家もいる。脅しだとすれば、四日前のローソンの「うやうやしい態度」は偽装だったのか。船室の窓すべてが破壊されたのは、スウィフトシュア号が答礼の大砲をむやみに発射したことによる。しかし、この事件がモンタギュ司令官やピープスにいくらかの不安を与えたことは想像できる。ふり返ってみると、モンタギュら幹部はある覚悟を決めて乗艦していた。先に書いたように、モンタギュ主従が乗艦したのは三月二十三日であるが、ピープスはそれに先立つ十七日に「妻への遺言書に印を押した。

それによって、わたしは書物以外この世のすべての持ち物を妻に与えた」。また、乗艦当日の朝には早起きし、「殿様の遺言書を黒い箱に入れて、(殿様の親戚の)ウィリアム・モンタギュ氏のところへ預けにゆく」。さらに、ギルバート・ホランドという人が「仕込み杖」をピープスのもとに持参し、贈呈した、とあるが、ホランドがこの武器を贈った趣旨の記述はない。

この時期の『日記』の叙述には生命の危険を感じるというほどのムードはない。とはいうものの、艦内で士官、水兵の叛乱でも起これば、司令官や秘書は一挙に制圧、あるいは殺害される。その心配は十分にあった。当時の人々のみならず、現代の『日記』読者にとっても、モンタギュ主従のこのたびの航海には大きな不安がある。クラレンドンの『大反乱史』の史観には偏向があるが、その著者によると、当時の海軍では、末端の水兵からして過激派ばかり、幹部士官は極端な共和派で、彼らをかつて司令官として指揮していたのが、海軍軍人としては一流だが、思想・信仰では再洗礼派のローソンだった、という。彼は今はモンタギュの部下の副司令官だが、再転向・寝返りの可能性は大である。いつ部下に寝首をかかれるか分からない。ピープス『日記』の文章にはそういう危機感はあまりないが、モンタギュ司令官は危ない艦長たちの更迭を本気で考えていた。しかし、更迭の実行そのものが危険な第一の賭けである。

礼砲騒ぎの二日後の三月二十九日の夕刻に、「副司令官麾下の艦長たち数名について、彼らは不満があって、（モンク）将軍に反対して戦うつもりだ」という噂が広まった。すぐにローソン副司令官が全面的に否定し、モンク将軍を支持すると誓ったからよかったものの、艦内で叛乱でも起こっていたら「仕込み杖」程度では何の役にも立つまい。そもそもローソン自身が危ないことは周知の事実である。翌三〇日には別の軍艦のネイズビー号がすぐそばにきて碇をおろし、殿様やピープスら幹部はこの艦に移乗した。危険を感じて安全な艦に避難したように見えるが、この艦は司令官座乗の旗艦として前々から予定されていたという。移乗直後の四月一日に、ピープスは、殿様が麾下の軍艦リストを検討し、危険思想を抱く嫌疑のある艦長、特に、危険な再洗礼派幹部を排除する気でいることを察知した。このリストは殿様だけの内緒のリストで、そこに何かの印《しるし》がついているのに目敏いピープスは気付いた。殿様は危険分子を「できる限り排除する」という方針だ、と彼は見抜いたが、「できる限り」の程度で済むのか、ローソン副司令官本人がその筋の人ではないか、と読者のほうで気をもむ。海軍は過激派でいっぱいだ、というクラレンドンのことばは、書き手の党派心からみて相当の割引きは必要だろうが、王政復古の年の春のピープス『日記』をクラレンドンの文章と対比して読むと、様々の想像や推測ができて興味は尽きない。

同じ頃、四月八日に、殿様、ピープスが乗る軍艦の従軍牧師が「自由祈禱」(Extemporary prayer)、すなわち、国が定めた国教会『祈禱書』の読み上げに満足できず、個人の信仰や霊感の促すままに、時には時間の経過も無視して祈り続ける自由を認めよと主張するのに対し、ピープスは『祈禱書』に従うと反論して口論になった。艦内外の状況では、牧師はいわば危険思想の人で、身の安全を図る慎重な人なら楯突くのはやめるはずである。用心深いピープスなのに大丈夫か、と読者はここで案じるが、案の定、三日後の十一日になってピープスは、「今思い当たって述べておくが、わたしは艦つき牧師と多少無遠慮にふざけすぎたのではないか、と思う。彼は非常にまじめな、まっとうな男だから」と反省する。まじめなピューリタン系の人だからこそ祈禱の自由を譲らないのである。ピューリタン説教は激しい政府非難を含むのが常で、両人の言い争いは国王復帰の賛否をめぐるやりとりに発展していたかもしれない。『祈禱書』・政治論争はピープス『日記』や記録等にしばしば見え、やがて国家の政治、宗教政策の争点になり、文学作品の主題にもなる。狭い船室での両人のいさかいは、その前哨戦である。危険な艦長の交代を実行する殿様に倣い、ピープスも当分はおとなしくしておくのが賢明だった。

さて、ロンドンから艦隊に届く情報は、国王復位は確実だと伝えるものばかりで、情勢を知った殿様司令官はここで思いきった幹部更迭に踏み切る気になったのであろう。もちろんモンク将軍との打ち合わせの上である。将軍は「事を一手に引き構える」意気込みで、そうでないと何でも反対、とピープスは観測している。この見方は、クラレンドンの、モンクは「何事にも一枚嚙ませておかぬと面倒」な人、という言葉に符合する。そもそも、この面倒を防ぐために、議会は海軍を知らぬモンクをモンタギュと並べて二頭立ての海軍司令官に任命しておいたのであるが、モンタギュにとってはモンクの口出しで迷惑な場合があったことは『日記』から読み取れる。こうして、諸書類、辞令の作成でピープスは寝る間も惜しむほど多忙になった。三月二十六日は結石手術成功の記念日で、ピープス家ではこの日に祝いの夕食会を催すのが慣例になっていたが、艦上多忙でこの年は見送らねばならなかった。

しかし、先にふれたように多忙には見返りがたっぷりついていた。複雑な政治情勢、人間関係の機微を学習したことは貴重な体験である。さらに、辞令を一通作成するごとに謝礼がピープスの懐に入る。月が変わった一六六〇年四月一日にはさっそく「ベア号のウィルグラス艦長の任命辞令を作った。これで三〇シリング手に入った」という。ピープス個人の懐がふくらむのと同時進行で、議会・王党派と大陸のチャールズ皇太子のあいだで復帰条件の交渉、双方の利害の調整が頻繁に行われていて、その様子が次第に明らかになった。モンタギュの殿様はいうまでもなく復帰支持である。しかし、殿様は「自分の艦の艦長が信用できるかどうか自信がない」（四月十一日）と信頼するピープス秘書に正直に打ち明ける。その殿様に四月十五日にロンドンから手紙の束が届けられたあと、殿様は一日中じっと考えこんでいた。そのあと彼は、再洗礼派の艦長で、政治の成りゆきに不満をもち、部下を煽動したとの風評があるウスター号のディーキンを罷免し、そのほか二通の任命辞令の作成をピープス秘書に命じた。最近のあわただしい郵袋の行き交いは殿様とモンク将軍の意見交換と調整を含み、モンク将軍が国王を迎える準備に人事大異動を行う決心でいる、とピープスは察知する。チャールズ皇太子はいまや大っぴらに「国王」と呼ばれ、「国王」と表記されるようになっていた。

『日記』の記事にはないが、ディーキン艦長はローソン副司令官が自分のすぐ下の副司令官代理に推薦した人物で、こともあろうにそのディーキンを殿様が罷免したのだから、ローソンにとっては相当の屈辱であったはずである。しかし、ローソンには一日あたり一ポンドの昇給、多額の一時金が与えられ、彼がこの人事に異議を唱えることはなかった。また、ローソンの副司令官の地位は暫定的なもので、ディーキン艦長罷免の翌々日の四月十七日に「午前中ずっと副司令官と副司令官代理の任命辞令を準備する」とピープスは書いているから、ローソンの地位はそれまで仮のものだったらしい。ここでローソンは正式に副司令官の辞令を得たが、同時に司令官のモンタギュは自分の職務権限をローソンに十分に説明したうえで、「議会から、あるいは総司令官の両方もしくはいずれかから、受けるすべての命令に従うよう」命令し念押しした。さらにピープスは、モンタギュ司令官自身の任命辞令の作成を命じられ、「殿様は自分で自分にそれを授与なさった」という。ここでモンタギュ殿様とローソンの上下関係と命令系統がはっきりと確認された。モンタギュ殿様とピープス秘書との呼吸が完全に一致していることがよく分かる。危険人物のローソンの処置はこれで一通り済んだ。主従はここでひとまずは安心したであろう。

　ロンドンでは、四月二十五日に新議会がはじまり、王党派議員と長老派議員とのあいだの激論、綱引きと取引が熾烈になったことも『日記』から判るが、これはチャールズの復帰条件について最終的な交渉、談合の進行を示している。復帰後に王党派による報復があるかもしれぬ、条件次第で国民の現在の生命財産保全を危うくする可能性を含み、四月二十七日の記事によると、交渉の途中でモンク将軍は条件交渉で長老派をだました、というような意見、噂が都では出ている、という。革命政府下の不動産売買を追認するかしないか、も大問題である。長老派の一部は温和な共和制を支持するようなふりをして、実は国王復帰、王政復古を企んでいる、という疑惑もある。当時のパンフレットや諷刺詩の流行語でいうと、「疑惑《ジェラシーズ・アンド・フィアーズ》と恐怖」（Jealousies and fears）である。

上層部での国王復帰条件をめぐる論争にピープスは直接の関係はなく、彼としては行き交う郵袋の頻繁さ、艦への来訪者、殿様の顔色から情勢を推測するしかない。艦を経由してオランダのフリッシンゲン港に行く人々が増え、ピープスは彼らのための船を仕立てる書類を作った。彼らの行く先はオランダの町ブレダで、ここに仮住まいする皇太子と仮宮廷の人々に会うためだ、とピープスは気付いている。というより、いまや誰もが知っている。「モンクが長老派をだました」というのは二十七日に軍艦にとどいた友人の手紙から得たニュースである。これは各派の裏取引にかかわることで、ピープスは日常の業務だけで忙しい。要するにモンクが王党派・長老派の双方を操っているわけで、この状況はしばらく続く。このあたりでは『日記』の文言が複雑なので、時にはクラレンドンの『大反乱史』の記述などを参照すると助けになる。こうして『日記』を読んでいると、読む方もこういうピープス的心境に引き込まれ、各種の記事の断片から自分のナラティヴを創ってみたくなるのである。

国王の手紙が議会に到着したことをピープスが艦上で知ったのは四月二十九日のことで、これがチャールズの「ブレダ宣言」である。ここで彼は帰国した場合の施政方針を宣言し、議会は王政復活の条件審議に入る。議事日程その他の都合ですぐには開封されず、「中味はまだわからない」と彼は記し、早く知りたいと苛立ち気味である。そして五月一日に「宣言」が議会で朗読、承認された。人々がもっとも知りたがっていた革命時の行為の赦免、土地取引の追認の大筋が明らかになった。信教の自由もほぼ認められた。国王は譲歩しすぎた、という声も後日あがったという。とはいえ、五月二日にピープスは、「この日はこの何年かイギリスにあった中で、もっとも幸福なメイデイとして記憶されるだろう」と記した。

五月三日には新情勢が海上に待機する艦隊にも通達された。到着した国王宣言と国王書簡を艦隊の全乗組員に伝えよ、と殿様から命じられたピープスは早速その準備にかかる。注目に値するのは、国王（プリンス・チャールズ）の書簡の日付が「国王の治世第十二年、一六六〇年四月」になっていることで、チャールズは父王チャールズ一世の処刑のあとすぐにチャールズ二世として国王の地位を継承した、という体裁、建前になっていた。「国王不在期間」はない、ということである。

ピューリタン革命の時代の存在を否定するこれらの文書を、最近まで共和制政府の側に立っていた艦長たちに読み聞かせ、十分に納得させる必要があった。五月二日、三日の『日記』記事はその意味で興味深いものがある。モンタギュ総司令官としては国王の宣言を艦隊幹部一同が支持していることを文書にして議会に回答せねばならぬ立場にある。その手続きとして、全艦長を召集して会議を開き、回答文の承認を得る手続きが要る。しかし、会議に臨むに当たり、紛糾を避けるため予め文案を作成しておくのが必要だ、と司令官は考えた。これは至極当然のことだが、あの艦長たちが会議の席上で何を言い出すかわからない、という不安、または「疑惑と恐怖」があったと察せられる。五月三日の朝にモンタギュは信頼するピープス秘書に文案を口述し、筆記させた。口述筆記の話のあとに次のような『日記』記事がある。文中の「手紙と声明」とはチャールズの議会宛ての手紙と「ブレダ宣言」のことである。

それ（口述筆記）が終わったころ、指揮官たちがみな乗艦してきた。そして会議は艦尾室ではじまった（わたしがきてからはじめての作戦会議だ）。そこでわたしは手紙と声明を朗読し、彼らがそれについて議論している間に、わたしは決議案の起草をしているようなふりをした。それを提案すると、採択になった。一人としてそれにノーとはいわぬふりをしていたが、きっと多くの人は心の中で反対だったと思う。（第一巻、一二八頁）

その場で回答文を起草する「ふりをした」とあるが、それは殿様との事前打ち合わせに含まれていたのだろう。艦長たちの意見に耳を傾けながら起草する、というジェスチャーによって、モンタギュ司令官が準備した文章を押しつけるのではない、「ご覧のとおり諸君の意見も取り入れた」という体裁を整えたのである。モンタギュとピープスは阿吽の呼吸、ずるい芝居によって艦長たちの気分をいくらか和らげると同時に、有無を言わせず国王復帰賛成への流れを作る、のに成功したのである。「ノーとは言わぬが腹のなかでは反対」とピープスは見抜いているが、司令官と秘書は一挙にその場で妥協への空気を醸成したようである。会議のあと、一同は後甲板に上がり、ピープスが書類と決議を乗組員の前で読み上げると、「水兵たちはみんな、想像しうるかぎり最大の喜びをこめて、チャールズ王万歳を叫んだ」。事態の受け止めかたで艦長ら幹部と水兵とではかなりの違いがあったことがよく分かる。そのあと、ピープスはボートで各艦を一巡して取決めを通達したが、どの艦でも大歓迎を受けた。

夕方、（ローソン）副司令官の艦に乗艦しかかったとき、総司令官は艦をあげて、ありったけの祝砲を撃ちはじめた。そして他の指揮官たちもそれにならったが、なかなか勇ましいもので、ボートに乗って、頭上を砲弾がヒューンと鳴ってゆくのを聞くのも、いいものだった。（第一巻、一二八頁）

一ヵ月あまり前の三月二十八日、モンタギュ総司令官がテムズ河を下ってホープ錨地に向かったときのことをここで読者は思い出す。ローソン副司令官の艦のそばを通過するときに礼砲の一斉射撃の「歓迎」を受けてモンタギュは一瞬怯えたかもしれないが、今度はピープスがまさにローソンの艦に乗り込むのを見計らって、総司令官のほうから一斉射撃のお返しをした。この瞬間のモンタギュ、ローソン、ピープスはそれぞれどういう気持ちだっただろうか。あいまいな行動を繰り返した陸軍の総司令官で、かつモンタギュと海軍総司令官の地位を共有するモンク将軍の心境はどうか、も知りたい。ピープスの目には、「殿様は進んでモンクにありとあらゆる儀礼を尽くし、この仕事を成しとげる栄誉を、全部彼に与えておられるようだ」と映る。だがこれはモンタギュ殿様の戦略で、殿様の本心にモンクへの信頼とか尊敬があったわけではない。殿様は、モンクというやつは頭の鈍い男にすぎん、とピープスに何度も言っていた。国王と殿様のあいだでは、いまのところはモンクに自由にさせておこうという密約がある、とピープスは推測していた。「なぜなら仕事をしなければならぬのは、彼である。少なくとも、へつらい、奉っておかないと、この仕事の邪魔をできるのも、彼だからである。このことを殿様は、自分から、時おりかならずほのめかされるのだ。」（第一巻、一二九―三〇頁）

この頃のモンタギュはピープスには何でも打ち明けるようになっていた。艦長たちに押しつけた国王への回答文の最終文案検討に当たっては、モンタギュはピープスをわざわざ呼んで、「何か手抜かりはないか見てくれ」とまで頼んだ。ここでピープスは下役ながらまさしく国家の大事に参画していた。ピープスもこの信頼に勇気を得て、「作戦会議の決議の写し全部にわたしの名を署名した。だからもしそれが印刷になったら、わたしの名もそれに載ることになる」と、自分の名前が歴史に残る、という気持ちさえ湧いてきた。

この間の金銭の動きはどうだったか。議会で国王の宣言が朗読されると、議会はいくつかの対応を決めたが、そのなかに金五万ポンドを「陛下の当座の費用」として送る用意をすること、という記事が五月二日に見えるが、五月四日の記事では、この五万ポンドはシティ、つまりロンドン実業界からの借り入れであるという。さらに、シティの十二の同業組合も積極的で、それぞれ国王陛下への贈りものとして一千ポンドを出す、ということに決まった。不景気解消の希望を国王に託したのであろうか。要するに財界から政界への政治資金のようなものである。チャールズの書簡を議会に届けた使者の侍従サー・ジョン・グリーンヴィルもおこぼれにあずかり、その苦労に報いるための「宝石代」として五〇〇ポンドを手にするという厚遇を与えられた。こういう場合には「宝石代」とするのが慣例であろうか。

これよりさき、四月二十九日には、「モンク将軍に与えられた二万ポンドのうち、一万三千ポンドが大蔵省から支払われた」というが、これに対してモンクは大蔵省の現金出納を担当する書記たちに十二ポンドを与えた、ともピープスは記す。このような贈与に対して、実務を担当する下級職員に御礼をするのも慣例だったのであろう。それればかりではなく、モンクはかなりの数のシティ同業組合が主催する晩餐会に招待され、主賓として出席している。シティの同業組合は、競ってモンクを取り込もうとした。ピープス自身にはこのとき特に金銭の贈与はなかったようだが、辞令交付のコミッションとして、海軍司令官秘書には多額の臨時収入があったことは前に書いたとおりである。彼が処理する事務量はたいへんなものだったが、その報酬としてモンタギュ殿様は大きな利益、利権をやがてピープスに与えることになる。政治的大変動のなかで、大物、小物の別はあっても、当事者の身分と働きにふさわしい金銭、地位の取引が頻繁に行われていた。

思えば、ピープスがモンタギュ殿様一行のひとりとしてロンドン塔の桟橋からはしけに乗り、軍艦スウィフトシュア号に乗り込んだのは三月二十三日のことである。ローソン副司令官以下の乗艦からの礼砲一斉発射に肝を冷やしながら、テムズ河下流のホープ錨地へと動きはじめたのはその四日後の二十七日であった。その後、ホープ錨地で碇泊して約四〇日目の五月十一日にようやく艦隊に具体的な動きがあった。同じ場所をぐるぐる回るような艦隊の動きは政治のそれに連動し、いま一挙に大きな急流に変わった。

艦隊司令部は海峡の町ドーヴァーからペンキ屋その他の職人を呼び寄せ、共和制政府の紋章を各艦から撤去し、国王の紋章を描かせた。これでようやく「国王陛下の海軍」に衣替えし、正午過ぎに錨地から出航した。翌十二日の午前中にドーヴァーとカレーの中間を過ぎ、十四日にはオランダ海岸に達した。オランダの小舟が軍艦に接近し、軍艦から荷物を岸へ運ぶのにわれわれを使ってくれ、と船頭たちが口々に呼びかける。ピープスは上陸して現地を見てみたくてたまらない。そこに運良く殿様の名代としてプリンス・オレンジ（オレンジ公子）に会いに行く人々のボートが出ると聞き込んで、一行にもぐりこんで上陸しようと企てた。さいわい殿様のお許しが出て上陸し、晩の一〇時にやっとチャールズ一世の孫にあたるオレンジ公子に会うことができた。このプリンスは当時九歳で、のちに名誉革命の立役者、オレンジ公ウィリアム・英国国王ウィリアム三世となる人である。

数日後にピープスはやがて旗艦に乗り込むヨーク公爵（のちのジェイムズ二世）、続いてプリンス・チャールズ（チャールズ二世）にも会うので、三代にわたり英国国王になる人々にオランダで立て続けにお目通りするという希有の経験をした。しかも、二十八年後のいわゆる名誉革命、ウィリアム三世・メアリー女王の即位によってピープスはすべての公職から追放されるのであるから、これは運命的な出会いである。もちろんピープスにはそんな先のことは判らない。彼はハーグ、スケヴェリング近辺をひたすら歩きまわり、その見聞を日記に事細かに記すのみであった。二十二日には新たに海軍本部長に任命されたヨーク公爵が弟のグロスター公爵とともにネイズビー号に乗艦し、翌日にはいよいよ国王が乗り込んで、貴族や名士などで超満員の艦では本国へ出航する用意がととのった。毎日、事あるごとに礼砲の発射があり、二十三日には英国艦隊の複数軍艦の改名が国王とヨーク公爵によって行われた。

こうなると一気呵成で、二十五日にはモンク将軍らの政府貴顕や群衆の大歓迎を受けて国王は意気揚々とドーヴァー海岸に上陸した。「船が海岸に近寄るのではなく、歓迎の気持ちを抑えきれぬイングランドの海岸のほうから国王の船に向かって進み出た」とか、「群衆は国王の上陸を待ちきれず、みんなで海に飛び込んで迎え、喜びの涙を流したためにドーヴァー海岸の水位が上がった」、と王党派御用達の詩人ドライデンがうたったのがこの有名な国王上陸の場面である。一行の上陸に当たり、「ヨーク公と用件があってお話しすると、公爵はわたしのことをピープスと名でお呼びになった。そしてわたしの願いを聞き入れて、今後目にかけようと約束して下さった」とピープスは嬉しげに記している。ヨーク公爵のことばは、どさくさのなかでの実のない約束ではなく、のちにピープスの上司、海軍本部長として彼の出世を大いに助ける御方のおことばであった。華やかな国王歓迎の有様と並んで、国王の愛犬が上陸の際に糞をしたこともピープスは見逃さず記した。愛犬は「ボートの中で糞をした。われわれはそれを見て笑い、わたしは国王や国王に属するすべてのものも、ほかのものとまったく同じなのだ、ということに思いを致した」のであった。疲労のあまり持病の膀胱の痛みが出て、五月二十九日の晩に、「昨夜冷えたための痛みはまだ去らず、小便の際にわたしを困らせている。今日国王はロンドン市にお入りになる」とこの日の日記を結んだピープスは、ロンドン入りの華々しい国王の行列をよそに痛みをこらえ、みじめな思いでネイズビー号に残っていた。

3　海軍書記官就任とその仕事

国王のロンドン入りから三日経って月が改まり、六月になった。モンタギュはピープスのこのたびの働きを高く評価し、早々とその労に報いる道を考えていた。もし自分と国王とのあいだで今の良い関係が続くようなら、お前にもっと永続的な好意を示したい、という殿様の有難いおことばに、ピープスは大喜びした。今後の難しく面倒な政局を思えば、国王と自分の関係がどう転ぶかまだわからぬ、とモンタギュは見ているらしい。とはいえ、「少し辛抱しようじゃないか、わたしたちはいっしょに出世するのだから、その間、おまえのためには、できるだけのことをするから」とまでおっしゃった、とピープスは喜々として記す（六月二日）。彼の懐具合が目立ってよくなるのもこの頃である。オランダへの航海に出たときの貯金は二十五ポンド、それが一〇〇ポンドちかくまで増えて彼は喜んでいたが、これはピープス個人の懐に関する一時的な収入で、モンタギュの殿様は「永続的な好意」のしるしとして政府の役職をピープスに世話しようと考えていた。六月上旬に、国家の大切な公印の一つである私璽《プリヴィー・シール》（Privy Seal）を管理する私璽局の書記官の任命権がモンタギュのものとなり、「もっとよい仕事が見つからなければ、これをわたしにやらせてやる」、との殿様の仰せであった（六月六日）。

ところが、十八日になってピープスのために「海軍書記官の地位を狙っている」とモンタギュは打ち明けた。「狙っている」については、海軍総司令官の地位を共有するモンク将軍が別人を推したのに、モンタギュが強くピープスを推薦したことをいう。あのモンク夫人が殿様をその件で呼びつけようとしたが、殿様ははっきり断った。夫人の兄までが干渉しかけたが、これも断った、とピープスは六月二十五日に聞いた。モンク関係者の圧力をはねつけるには相当の勇気を要したのではあるまいか。結局はピープスに就任させることで巨頭間の話し合いがつき、それを聞いたピープスは有頂天になった。殿様もサニッジ伯爵の称号を国王から授与されて上院入りが決まり、さらに宮廷では国王の「衣装室長」に就任する。そのうえに、六月十九日に新伯爵は下院で国王と国家への奉仕のゆえに感謝決議を受けた。国王との関係がますますよくなり、主従揃ってご褒美をたっぷりと頂戴したのである。

以後はモンタギュ改めサニッジ伯爵、サニッジ殿様になる。

「いっしょに出世しよう」との殿様のおことばだけでも有難いのに、それからたった三週間後の六月二十三日に、ピープスに海軍書記官就任の話が降って湧いたのだが、その年俸は三五〇ポンド、それを超える諸々の臨時収入と官舎まで付く有難い地位で、彼が飛び上がるほど喜んだのもよくわかる。しかしながら、役所の人事情報が周辺に広まるのは速く、邪魔が入るのもまた速い。実際にその椅子にすわるまでの経緯とピープスの危うい綱渡りのような気苦労は、当時の官僚人事の実態の一端を開示するので、『日記』の記事と行間からその事情をたどってみよう。


ピープスの実例を見ると、官職に就くにはこの時代の独特の方式があったらしい。お上からお沙汰があると、本人側で必要な書類を作成し、しかるべき手順に従って申請し、必要な複数の官印をもらう、という現代の我々から見ると奇妙なことになっていた。最終的には「特許状《パテント》」(Patent)を手に入れてめでたく就任となるが、それまでのあいだに面倒な手続きを踏み、それぞれの関係者、担当者には頭を下げて回らねばならないし、それ相当の謝礼も要る。それに加えて、獲物を求めて襲いかかる競争者、妨害者を排除して職にありつくには、有力者への陳情とライバル同士の話し合いや談合が必要である。この手続き、経過、談合を『日記』の記事から再構成するのは難しく、筆者の手に余るが、ピープスの苦心のさまを何とか再現してみよう。

殿様から話を聞いて三日後に、早々とある商人がピープスのもとに現れて、五〇〇ポンド出すから書記官就任を辞退してはもらえないかと申し入れた。もちろんピープスは慌てて殿様の御前に駆け込み、訴える。殿様はすぐにピープスを伴って海軍本部長のヨーク公爵に伺候し、海軍本部長秘書官のウィリアム・コヴェントリーにこの人事を急ぐように口添えしてくれた。コヴェントリーとピープスとの人間関係はたいへん良好であったので、周囲の人々もこれで大丈夫だとお祝いを言ってくれて、ピープスもついその気になった。六月二十九日に、海軍本部で彼はヨーク公爵から直々に海軍書記官任命の「認可書《ウォラント》」（Warrant）を受領した。公爵、殿様、本部長秘書官の後押しと口添えで、第一段階の書類は大した苦労もなく用意できた。認可書は法務長官宛てに出される書類で、それに基づいて「証書《ビル》」（Bill）を作ってもらうのが第二段階である。「証書」とは法務長官が発行する任命証書のことである。そのあと、官庁の書式に精通した人に頼んで「特許状《パテント》」を作ってもらう、という段階がある。その面倒な手続きを踏んでいる途中でピープスは海軍本部でいやな話を聞いた。

そもそも海軍書記官《クラーク・オヴ・ジ・アクツ》（Clerk of the Acts）とは海軍全般を管理する海軍委員会《ネイヴィー・ボード》に所属し、「文書の作成と管理」を担当する役職である。ピープスの仕事の内容と働きぶりを思えば、職名は「書記官」でも次第に「官房長」相当に見えてくる。当人の働きが彼または彼女の役職の地位を高める、とはこのことであろう。海軍委員会は共和制時代に廃止されたが、国王はその復活を考えていた。国王側近のサニッジ殿様は国王の意図をいち早く聞き込み、さっそく腹心のピープスを書記官に押し込もうと思いついたのがこの人事のそもそもの発端らしい。

政府の各部門では、革命前にその職にあった者が旧職への復帰権を押し立てて復職を要求し、他方では王政復古の功労者が論功行賞として当該の職に新たに任命される場合があって、双方がぶつかって軋轢が絶えなかった。ピープスが海軍本部で聞いた話とは、前任の海軍書記官のトマス・バーロウという者がまだ生きていて、昔の地位への復職をねらって上京してくる、というものであった。いつものとおり、すぐに殿様のもとに駆け込むと、殿様は「特許状をもらってしまえ、相手を締め出すために、やれるだけのことはしてやる」とピープスを力づけた。ピープスにとってバーロウはまさに過去の亡霊、疫病神で、就任の喜びに冷水を浴びせる厄介者だった。

それに追い打ちをかけるように、翌日には海軍事務局の事務を担当する現職のターナーという者から手紙が来て、「特許状をわたしと連名にしてくれるのなら、一五〇ポンドを出すし、わたしの地位を利用して、バーロウを締め出す方法を教えてやろう」という提案があった。ピープスにとっては内憂外患である。トマス・ターナーは海軍事務局の事務長で、いちはやく役所でバーロウ上京の情報をつかみ、ピープスの足もとを見て取引を持ちかけたもので、結果から見ればバーロウをうまく利用してピープスを挟み撃ちにする狡猾な男である。ターナーは共和制時代から長年にわたり海軍事務局の庶務を取り仕切り、実務経験は豊富で、ピープスは彼の足下にも及ばない。ピープスは大蔵官僚のダウニングの下で僅かのあいだ下級の事務員、使い走りを務めただけで、海軍実務の経験はオランダへの往復の航海のみ、海軍司令官のサニッジ殿様の庇護と後押しだけが頼りである。

そのピープスに比べると、ターナーこそ海軍書記官にふさわしいし、ターナー本人もそう思いこんでいるふしがある。そう考えると、ターナーの申し入れの背後にはそれなりの理由があり、頭の上にピープスが就任するとなれば面白くないのは当然で、ターナーには同情すべきところが多々ある。ターナーからの申し出のあった六月末日の晩に、ピープスは「夜おそくまで殿様のところで」過ごした、とだけ書いているが、バーロウ／ターナー対策の相談に時間をかけた、との意味である。そこで結論が出たためか、ピープスの対応は早かった。月が変わって七月三日に彼はターナーと昼食を共にし、こういう代案を出した。『日記』によれば、「自分の懐から一年かぎりで五〇ポンド、それに加えて、書記一人の給料分を申し出た――彼は感謝していた。しかし彼はまだなにかの企みが頭にあるらしいが、それがなにか、わたしに考えつかない」という。ターナーの「企み」が何かは八月二十二日になって判明するが、いまは疑惑が深まるばかりであった。

海軍書記官ともなれば、書類操作で書記一人分の給料くらいはひねり出せる、とピープスは計算し、ターナーも事務局の古株であるから、そういう手があることは見抜いている。ターナーが次の一手を考えているらしいのが不気味ではあるが、ピープスは当面の決着はつけて昼食を終えた。心休まる間もなしにピープスは、あのバーロウが海軍本部長秘書官のコヴェントリーに面会を求めて午後にやってくると聞いて、また気が滅入ってしまった。ただし、バーロウの代理人が殿様に、バーロウは病身で、実際に復帰して仕事をする気はない、と言ったと聞き、ここも金銭で解決する余地がある、とピープスはふたたび活路を見出した。この上なく有利な就職口を目の前にして、情況に翻弄されるピープスの歓喜、失望、希望に読者は彼と共に一喜一憂の思いである。翌日には彼の気分も落着き、シージング・レイン通りの海軍事務局に隣接する海軍官舎を見に行った（七月四日）。この立派な住居に入居できれば嬉しいが、就任が不首尾となれば水の泡だ、とまた心配になる。

七月五日にバーロウその人がついにロンドンに現れた。彼がどう出るかが気になるが、それはそれとして一刻も早く認可書を法務長官に提出し、次の段階の任命証書を作成してもらわねばならない。一〇日にようやく証書を手に入れたが、そのために金貨七枚の費用がかかった。しかるべき人物を訪問して挨拶し、指示を仰ぐという手続きも必要である。十一日には殿様の口添えで国王のサインももらい、必要な官印（私璽）も私璽局の職員に頭を下げて押してもらったが、ここでも相当額の謝礼を払ったはずである。この謝礼支払いには証拠があって、ピープス本人が後日めぐりめぐってこの私璽局の兼任書記官に任命され、押印による役得を手に入れたことを『日記』に詳しく書いているからである。

十二日に証書に規程通りの印を押してもらい、キップスという人に会いに行った。キップスは大法官庁で公印管理官を務める役人で、彼にも挨拶して指示を仰ぐ必要があった。キップスは、ビール氏という人を訪ねて特許状を正式に作成してもらうがよい、とピープスに指示した。この書類も就任予定者自身が用意することになっていたようである。キップスとビールとは日頃から助け合う連携があって、共に得をする仕組みをこしらえていたようだ。「正式の」特許状とは、「大法官庁書法《チャンセリー・ハンド》」（Chancery Hand）と称する独特の肉太文字書体で書くと決まっている。となれば、この書法に熟達した人に頼むしかない。そこで、ビール氏がこの書法を心得ているから行って頼め、とキップスが指図したのである。『オックスフォード大英語辞典』で'Chancery Hand'を引くと、用例として、ピープスのこの箇所が採用され、収まっている。そこで急ぎビールを訪ねると、書く暇はない、と冷たく断られた。おまけにビールはピープスに、バーロウが上京し、あなたの就任を邪魔してやる、と言っていますよ、と告げたので、ピープスは二重のショックでひどく落ち込んでしまった。文書は一刻も早く提出せねばならない、バーロウがすぐうしろに迫っていて、彼の足音が聞こえるほどだ。ビールに拒否されたピープスは、この書体をこなす人を求めて大法官庁街のチャンセリー・レインや大法官庁事務局をあちこち走り回ったが、なかなか適任者が見つからない。ピープスとバーロウはいわばふたりで障害物レースを走っているようなもので、『日記』の本文と行間からピープスの追い詰められた息づかいが聞こえてくる。このレースの情況をキップスとビールが沿道からじっと窺っている、という感じの場面が見える。

そのうちに、折悪しく海軍本部での会議の時間がきた。高級幹部が集まる大事な会議で、海軍書記官予定者として初めて出演する晴れの舞台であるが、恐らく彼は上の空で、まだ発言の機会はなくてよかったものの、出席者が取り交わすことばも耳に入らないまま会議の幕が下りたのであろう。午後十一時になってようやく大法官庁書法に強いスポングという人が見つかり、彼にサニッジ殿様の宿所に来てもらい、懇願の末に明日の朝までに仕上げる、という約束をやっと取りつけたので、ピープスのみならず、読む側の我々もようやくほっとする。困惑し、憔悴したピープスを見て気の毒になり、大法官庁事務官のスポングは、徹夜をしてでも書く、と答えたのである。殿様の宿所での話し合いでというから、サニッジ伯爵モンタギュの口添えが効いたにちがいない。

ところが、期待に反してその晩には書類は完成しなかった。さらに面倒なことに、最終段階として「要約書《ドケット》」(Docket)の作成という手続きが必要で、これをビールに頼むと、必要な書類ができていない、と怒って引き受けない。特許状を「彼ではなしに、ほかの人に書いてもらった」(七月十三日)から怒っている、とピープスは見抜いた。そこでビールに金貨二枚を渡すと、途端に相手はにわかに機嫌を直して丁重かつおとなしくなった。最後は「特許状」の仕上げと「要約書」作成を同時にビールがやってくれた。繰り返しになるが、話を整理するために一六六〇年七月十二日の記事によって経過をもう一度見ておこう。

早起き、ペット弁務官といっしょに馬車でホワイトホール宮へ。殿様と用談のあと、わたしは私璽局へゆき、そこと小璽部とでわたしの証書を仕上げてもらい、それから上院へいって、キップス氏に会う。彼は、ビール氏のところへいって、わたしの特許状を正式作成してもらうよう、指示した。

しかしビール氏は、それを大法官庁風の書法で書く暇がないというので、やむをえず、チャンサリー・レインや大法官庁事務局を走り回ったが、その書法をこなす人で閑な人間はだれも見つからなかった。あきらめて海軍本部へゆき、そこではじめての会議――モンタギュ卿、バークレー卿、コヴェントリー氏、その他の高等官および弁務官一同、ただし艦政本部長だけはまだ人選がすんでいなかった。夜キップス氏の宿所へゆく。しかし留守だったので、スポング氏のところへゆく。在宅で、夜の十一時に殿様の宿所へわたしをたずねてきてくれるように頼む。そしてそこで彼自身（実に運のいいことに、彼はその書法を知っていたのだ）に、わたしの証書を明日の朝までに書いてもらうことにし

た。（第一巻、二〇二頁）

キップス氏の手引きに加え、ピープスがサニッジ伯爵のご威光を利用して大法官庁で奮闘し、無事に国璽押印の手続きも済んだ。ピープスは家に帰って金を用意し、妻を連れてふたたびビールを訪ね、謝礼を渡して引き換えに彼から特許状を受け取ることができた。ビールには合計九ポンドを支払った、とピープスは悔しそうに書いている。前金に二ポンド、特許状と引き替えに七ポンド、ということになる。馬車で待っていた妻に特許状ばかりではなく官舎まで見せて喜ばせた。これが七月十三日のことであるが、翌日にはもう官舎への引っ越しの荷造りをはじめた。夫婦の歓喜のさまが想像できて微笑ましいというべきか。ここでピープスはバーロウを振り切ってゴールに飛び込んだ、と見えるが、それは本当のゴールではなかった。この人事の話が出て実現に至るまで、ピープスは助言、仲立ち、口添え、それに加えて書類作成で、認可書・証書・特許状・要約書と進むあいだに、数えてみると合わせて十一人の人たちの世話になった。それぞれへの謝礼に約四〇ポンドかかったと彼は嘆く。しかも、「わたしの心をたいそう悩ませるのは、このことだけである」（七月十五日）というが、金で済めばまだ幸いである。それに、いまやサニッジ伯爵となった殿様の下で秘書官になって以来、ピープスが貯め込んだ役得、袖の下は一〇〇ポンドに達しているから、すくなくともこの場面で心悩ませるのは贅沢というものだろう。

悩みはお金のことだけ、というピープスだが、粘り強いライバルのバーロウに対する対策がまだ残っていた。特許状をもらった翌々日に、今度はあのバーロウ本人がピープスの家に乗り込んできたからである。肺病やみの老人だが、暮らし向きはよさそうだったという。時間をかけて話し合ったすえ、ピープスは彼の要求をすべてのんだ。バーロウが復帰権を取り下げる代償として、ピープスのいまの給料がそのままなら年五〇ポンドを、海軍書記官就任後に正規の年俸三五〇ポンドが得られるなら年一〇〇ポンドを支払う、というのである。三五〇ポンドから一〇〇ポンドを削るのは大きな痛手だが、増えるであろう役得その他を考えると、口惜しいけれども妥当な金額かもしれない。

話し合いが決着したあとピープスはバーロウを伴い殿様のところに行った。あいにく殿様はひどい風邪で寝込んでいたが、その枕元で三者会談をして、協定の確認をした。あとで難癖をつけられないように、とピープスは無理と知りつつ病床の殿様の立ち会いを求め、バーロウもまたそれが賢明だと知っていたのである。そのうえにバーロウは、文書による確認も要求したらしく、それから四日目の七月二十一日に、協定の内容を文書にして、バーロウの宿まで持参した、とピープスは記している。バーロウがやっと満足したので、さらにスポング氏のもとでこの書類を二通清書してもらった。二十三日にはピープスとバーロウの両人は揃って公証人を訪ねた。公証人も痛風で床に伏していたが、この場合も無理に起こして彼の立ち合いのもと、ピープスとバーロウが正式文書に署名した。このときにバーロウは、「その見返りに」という文言を入れることを求め、ピープスはしぶしぶ同意した。せっかくここまで漕ぎつけておいて、また一悶着起こるのは何としても避けたい。相手の執拗さに辟易しながらも、ピープスは最後の障害物を越えてゴールのテープをやっと切ることができた。

ピープスの忍耐には驚くべきものがあり、ここでも書類や資料とその管理の大切さ、金銭による人間関係の補強、法律の手続きの難しさを身にしみて感じとったであろう。その後の彼のキャリアを思えば、生涯にわたる貴重な体験学習だった。

このようなややこしい苦労話はもう沢山だと言われるかもしれないが、もうひとつ特別の事情がからむ事柄について述べねばならない。七月十三日に特許状を得て十七日後に、ピープスがドイツ・ワイン屋で飲んでいると、シティの市長行列などの行事で太刀持ち

(City Sword-bearer) 役を務めるウィリアム・マンという者が彼に会いに来た。何とマンは海軍書記官の地位そのものをピープスから買い取りたいと切り出した。もちろんピープスは即座に断った、と我々は思うが、驚いたことに両人は「おそくまで海軍書記官というわたしの地位の値打を論じた」というのである。要するに、いくらで売るか、買うかの話し合いをした、ということらしい。最後にピープスは、「わたしは四年分の給料を要求した」となっている(七月三〇日)。あれほどの苦労と忍耐の末に得た貴重な地位を、条件次第では売ってもよい、と言ったというのだから、ピープスの気持ちが読者には分かりかねる。「この場で四年分耳をそろえて出す気がある、とでも言うのか」とピープスがマンに向かって啖呵を切ったのならまだ分かる。しかし、彼らは翌日さらに継続審議することにしたのだから、また驚く。ピープスは本気なのか。ここまでピープスの苦心をはらはらしながら読み、同情し、共感してきた読者は、彼に裏切られたような気分になる。

次にマンについての記事が『日記』に出るのは一週間後の八月六日で、その間にどんな話し合いがあったかは判らない。六日の晩にマンは一〇〇〇ポンド出そう、と提案してきた。年俸の四年分は一四〇〇ポンドになるから、マンは損得を熟慮した上でぎりぎりの金額を提示したようだ。ここでまた驚くことに、ピープスはこの提案を「よだれの出そうな思い」で聞いたが、ぎりぎりで踏みとどまり、殿様のご承諾が得られるまでは、と保留にした、という。この「商談」の当初に、ピープスは給料四年分の金額を吹っかけ、そこから商談がはじまった。この時代の官職とはこういうものだった、といえばそれまでだが、何とも奇妙な話である。マンとのことを殿様に相談して、「もしも殿様がその気になられて、マン氏の申し出を受け入れるということになった場合を考えると、新しい家に落ちつく気持にもなれない」（八月一〇日）と彼は思い悩む。官舎の家具調度を買い入れる金は欲しいが、地位を売れば官舎には住めなくなる。この分かりきった矛盾に苦しんだあげく、彼はとうとう決心して殿様に相談したようだ。ますます分かりにくい話である。サニッジ殿様の回答らしい文章が八月十六日の記事に見える。

今朝殿様は（万事用意が終ったところで）、わたしを馬車でクルー氏のところへつれてゆかれ、途中わたしの地位がわたしにとってとてもいいものになると思っている、とおっしゃり、一般的にいって、人間が金持になるのは、なにかの地位の給料ではなく、その地位にいる間の金もうけをする機会による、とおっしゃっていた。（第一巻、二三〇頁）

殿様はまことに寛大で、同乗したピープスに、せっかく手に入れた地位を売るなと懇々と言い聞かせたらしいが、金持ちになる方法については、改めて殿様に教えられなくてもピープスには自分の短期間の経験に照らして思い当たることが多かったはずである。彼は十分に納得して、マン氏の提案を断ったのであろう。バーロウ老人の場合は革命前からの既得権、王政復古時代にしばしば話題となる旧職、旧財産への「復帰権」にかかわることである。ターナー事務官の場合は、地位と金のほかに、経験豊かな先任者としての意地、有力者の縁故で舞い降りた新人への反感と嫉妬の問題もあった。マン氏はシティの人で、いきなり一〇〇〇ポンドの札束、金の力でピープスを圧倒しようとした。それぞれ独自のキャラクターを持つライバルを相手に、ときによろめきながら、ピープスは彼らをすべて撃退して、海軍高級官僚への大出世の道を確保した。

　ピープスが書記官として就任した役所、海軍委員会《ネイヴィー・ボード》（The Navy Board）とはどんな役所であろうか。海軍最高の地位は海軍本部長《ロード・ハイ・アドミラル》で、ヨーク公爵がその地位にあった。本部長に直属するのが海軍委員会で、ここに幹部として海軍弁務官《コミッショナー》数名と海軍書記官《クラーク・オヴ・ジ・アクツ》がいた。この書記官がピープスその人である。弁務官はおのおの特定の職務を分担し、それぞれの職務を持つ。海軍会計官《トレジャラー》、艦政本部長《コントローラー》と海軍監察官《サーヴェイヤー》、その他がそれである。形式上は、海軍本部長の命令する事項を海軍委員会で審議し、その結果を海軍本部長に提案し、認可を得て艦隊、海軍基地、海軍工廠に周知徹底し、業務遂行を監督することになっていた。

弱冠二十七歳のピープスは、何の経験もなしに海軍行政の中枢の地位に一気に駆け上がったのであるから、考えてみれば恐ろしいような話である。彼は弁務官には数えられないが、ほぼ同格とみなされていた。あとで判るように弁務官の頭越しに差配することもある。しかも、特許状作成でチャンセリー・レインを走り回ったあの日に、まだ正式就任の事務手続きも終わらぬうちから書記官予定者として委員会の会議に出席している。さきに述べたように、海軍委員会は王政復古のあと復活したばかりで、「艦政本部長だけはまだ人選がすんでいなかった」という有様なのに、走り回って息を切らせたピープスがとび込んだ。役所での書記官の仕事は、会議議題の設定、議事録の作成、通信連絡と書類管理、出入り業者との折衝など多岐にわたった。これだけでもたいへんなのに、七月下旬にピープスは別の役所、私璽局の書記官も引き受けてしまった。この私璽局就任についても、この時代の独特の事情があるので『日記』記事を中心にピープスの仕事ぶりをたどってみよう。

殿様が私璽局書記の任命権を得たのは六月上旬のことで、この一年のうちピープスにもっとよい地位が見つからなければ、この職を与えてもよい、と殿様は示唆していた。そこに海軍書記官の話が飛び込んだので、私璽局の話は消えたか、と見えたが、実は続いていたのである。国務大臣の前で、「殿様とわたしは、跪いて、いっしょに忠誠と主権の宣誓と、私璽局の宣誓をした」という七月二十三日の記事に読者はびっくりするだろう。

ピープスは続けて、「さしあたっては、これでなにかの得《とく》になりそうでもないのだが、今の役所から追い出された場合のことを考えると、これは望ましいことである」と書いている。海軍書記官の地位をねらう手強く執拗なライバルのことや、まだ不安定な政治情勢が彼の念頭にあった。最近のこと、ある人から、「もう一度政変があって、モンタギュ卿は没落するかもしれない」（七月十三日）と耳打ちされたこともある。たいした実入りにはなるまいが、身分保障の保険と思えば悪くない、という程度の気持ちで私璽局入りをしたのである。殿様は殿様で、ピープスと並んで私璽局の地位を占め、実務はすべてピープスにまかせ、ピープスは仕事をムーアという者に代行させる、という方式を決めた。この丸投げ、二重の下請けの話し合いは就任宣誓の直前の七月二十一日のことで、海軍書記官の地位に関してピープスのバーロウとの話し合いの最終段階と同時進行していた。この日もピープスは気乗りしない様子で、自分の収入になることはなにもない、ムーアを助けてやるだけ、と書いていた。

宣誓の翌日ピープスは私璽局に行って、下役人のワトキンズに自分の書記官就任を告げた。ワトキンズはたいそう困ったらしいが、権力者には逆らえないとぐっとこらえ、それではわたしの親戚のものをあなたの下で事務員に使ってもらえないだろうか、と懇願した。ピープスは望みをもたせておいたが、採用する気はまったくない。ほんの二週間まえのこと、海軍書記官就任の書類作りに文字通り奔走していたピープスは私璽局を訪れ、やっと手にした国王署名入りの証書をワトキンズに手渡し、私璽の捺印を「手早くやってもらうよう」懇請したことを読者は憶えているはずである（七月十一日）。今や殿様のご威光で立場が逆転し、ワトキンズの上役となったピープスは、そのワトキンズを冷たくあしらったのである。

付言すれば、革命のあいだに勤務していた者と新たに任命された者との復帰権紛争が私璽局でも生じたことが『日記』から分かり、バーロウ対ピープスのような事例が政府や教会で頻発していたことが証明される。また、当時の私璽局の勤務方式は変わっていて、職員は二チームに分かれて、隔月交替の勤務をした。ピープスは八月の当番で、海軍委員会とのかけ持ちでこの月はひどく多忙だった。チャールズ二世の時代になって、論功行賞人事がむやみに多く、行政の機構改革も進行している。地位に就くためには私璽局で証書に私璽押印の手続きをしなければならず、この局は千客万来である。ピープスの証言によれば、先王時代には月にせいぜい四〇通程度だったのに、今年の七月には三百通にのぼる証書を処理したという。激務のため持病が再発して下腹部の痛みに苦しみ、「ますますものが考えられなくなっている」（八月一〇日）というピープスだが、それを償うに余りある大きな利益が待っていた。九月三日の午後に部下のムーアと自宅で八月分の実入りを計算し分配案、というより山分け案、を作った。その結果、殿様の取り分は四〇〇ポンド余り、ピープスの分は一三二ポンドになったという。彼は自分の取り分のなかからムーアに骨折り賃として二十五ポンドを下げ渡した。ピープス本人は予想を大幅に上まわる利益に大満足だが、ムーアのほうはたいそう不満のようだった。

もうひとつ、王政復古体制下での個人の生き方についての一例をここで挙げておこう。それは八月十四日に私璽局に現れたサー・サミュエル・モーランドという人物のことである。ピープスがケンブリッジ大学のモードリン・コレッジに在学していた頃、モーランドはピープスの指導教員で、専門は数学である。一〇年ちかい空白のあと師弟が再会したのは、王制復古の年の五月中旬のこと、意外にもその場所は軍艦ネイズビー号の艦上であった。ネイズビー号は国王を迎えるためオランダのハーグ沖合に停泊中で、好奇心を抑えられぬピープスがたびたび上陸したことはすでに書いた。五月十五日にピープスが陸《おか》から艦に戻ると、そこにモーランドがいた。

艦に戻ってみると、上院の委員たちみんなが、殿様と会食中だったが、彼らは食後岸へ向けて出発した。モーランド氏、今ではサー・サミュエル、はここにきていたが、殿様もだれも彼には敬意を示す様子はなかった。彼は殿様からも、すべての者からも、悪党と見なされているのだ。ほかにもいろいろある中で、彼はフォックス博士の娘と結婚した、サー・リチャード・ウィリスを裏切り、また国王についての情報を送ったがゆえに、護民官と国務大臣サーロウから、あるとき一〇〇〇ポンドの金を贈られたのだ。

（第一巻、一四四―一四五頁）

数学の業績があり、発明家でもあるモーランドは共和制のもと、護民官のクロムウェルやその側近のサーロウの秘書、情報担当を務めながら、政府や要人の情報を亡命中の国王側に流していた。彼に裏切られたとされるサー・リチャード・ウィリスは、反共和制の叛乱を口実に国王一派をひそかに英国本土におびき寄せ、一網打尽に逮捕する、という陰謀に加担した。この計画をモーランドが国王に通報して国王の危機を未然に防いだ、という話がある。共和制政府首脳の側近のモーランドはこの陰謀のすべてに通じていたようだが、真相は不明である。ウィリスの行動にも曖昧なところがあって、二重スパイ同士の争いにも見える。そのモーランドが国王帰国の形勢を読んで急ぎブレダに赴いて国王に拝謁したらしく、そこでナイトの位を授与された、と二日前の『日記』に記されている。しかも、「国王はその理由を公然と発表した由。国務大臣サーロウの書記をつとめていた間中、国王に情報を提供していたから、ということだった」という。堂々と発表すれば二重スパイだったことが明白になる。ナイト授与の理由を暴露した国王の心中にどういう意図があったのか。ともあれ、その結果のひとつとしてモーランドは旗艦の艦上でみなに白い眼で見られていた、とピープスは記し、かれの「功績」と下賜金のことも書いた。これが恩師と生徒の不思議な縁と出会いである。

それからちょうど三ヵ月後の八月十四日にモーランドが意外にも私璽局に現れ、ふたたび教え子のピープス書記官と出会った。モーランドは新体制のもとでナイトの称号に加えて準男爵の位階まで授かったので、その確認手続きをするために来たのであった。つい最近のこと、ピープスも海軍書記官就任のためこの役所を訪れたが、今や立場が変わって、彼は旧師のために私璽捺印の手続きをしてやる側にいた。男爵の位階は、国王が金もうけのために彼に与えたものだ。ここで彼はずいぶん長居をして、護民官の時代にどのように国王のためを計ったか、（上司）サーロウの虐待のためにそうするようになった次第の一部始終を話していった。サー・R・ウィリスの正体をどうやって見つけたか、国王のために自分の身代をどんなに傾けたか、それで今国王は郵政省からの終身五〇〇ポンドの年金と、二つの準男爵位の利益をわたしに賜わったのだ、というような話で、わたしも彼はこれまで思っていたほどの馬鹿ではない、と考えるようになった。（第一巻、二二八頁）

モーランドは悪びれる様子も見せず、護民官政府を捨てたのは上司からのいやがらせ、ハラスメントのためだった、と言い、その後の国王へのご奉公ぶりを、国王の天下となったいま得意げに語り、あのとき危うかった国王の命を救ったのはわたしだ、と自慢したようだ。彼はピープスの殿様モンタギュ、いまはサニッジ伯爵が艦隊を率いて北欧にいた頃に密書を送り、モンタギュを国王方に誘い込むのにも端役をつとめたから、たしかに国王の御為に尽くしたことは認めねばならないが、かつて指導を受けた先生の自慢話を聞かされたピープスはうんざりしながらも書類に捺印してやった。

右の引用で「国王が金もうけのために彼に与えた」というのは、準男爵の位階を売買することができたこと、を意味する。六月二十二日の『日記』からの実例では、この数日殿様につきまとっていたヒルという男が、準男爵の位階を五〇〇ポンドで買いたいとピープスに持ちかけた。ピープスが殿様にその話をすると、「考えておこう」という答えであった。モーランドも、獲得した男爵位を売ればこの程度の現金を手にすることができただろう。ピープスが手に入れたばかりの海軍書記官の職を、一〇〇〇ポンドなら売ってもよい、という気になりかけたのも、こういう風土のなかでの話である。共和制、王制の両方からたっぷり稼いだモーランドはたしかに「思っていたほどの馬鹿では」なかったが、彼の幸運はここまでであった。それに比べると、殿様の有難い忠告もあってピープスは海軍幹部の地位を長年にわたって大切に護り、仕事と金儲けに励んだ。馬鹿ではなかったのは先生のモーランドよりも生徒のピープスのほうであろう。まるで、確実な株券を売らずに長期にわたり保有しておく、という話に似ている。

海軍書記官に就任して間もない七月末日に、ホワイトホール宮の海軍本部で、殿様をはじめ高等官が集合し、この会議で海軍の資金調達のための激論が展開された。長年にわたる海軍予算の決定的な不足をどうするか、がその議題である。特に、海軍の債務の計算をして、予算請求の書類を作成するのが緊急の課題で、新人書記官ピープスはこの仕事を担当することになった。八月にはいって彼が海軍委員会よりも私璽局の仕事に主力を注ぎ、相当の収入を得たことはすでに述べたが、八月末で私璽局の月当番が終わると、本務の海軍委員会が待っていた。当時の海軍は常備軍ではなく、必要な作戦行動が終わると、予算の制約もあって戦時艦船の傭船契約を解除し、水兵も解雇する仕組みになっている。オランダ海軍の動きが活発になると、新たな乗組員の募集が始まるが、緊急の場合には水兵の強制募集という悪名高い方法も採用されていた。とりわけ、解雇を前にして水兵の給料未払い、という大問題があった。軍艦に積み込んだ糧食、装備、弾薬等の支払いも滞っている。『日記』にたびたび出てくる「海軍の負債」とはこのことである。

九月十七日にピープスは軍艦の整理と乗組員の解雇の仕事にとりかかる。整理予定の二十五隻分の費用、未払い給料、を支払ったうえで水兵を解雇するためには、必要な経費を計算して予算書を作成し、議会の委員会の承認を得ねばならない。予算書作成だけでも大変な事務量であろうが、委員たちに説明し、説得して委員会を通し、渋る議員たちの承認を得るのは気苦労多く、面倒な作業で、議員との交渉はピープスの生涯にわたる仕事になった。さんざん苦しめられたピープスが、一度は下院議員になってみたい、と望むようになったなるのは約二〇年あとの話である。官僚から国会議員へのピープスの転身願望は『日記』を読めばなるほどと共感できる。だが、議員になればなったで、反対派の策謀や宗教・宗派問題等で苦しみ、紛争に巻き込まれる、という経験もピープスはやがてすることになる。その時期の日記を読んでみたい、と誰しも願うだろうが、残念なことに、その前に彼は眼疾のため日記継続を断念していたのである。

さて、なんとか予算書類を仕上げ、翌十八日に委員会に出席して二十五隻分の「勘定書」を提出した。すると、八月にこの委員会の委員長に任命されたばかりのジョン・バーチ大佐が案の定異議を唱えた。それはおそらく数字が杜撰で大雑把である、というような発言ではなかっただろうか。次の引用から判断すると、二十五隻につき一隻ごとに明細を出せ、一括書類の概算ではだめだ、とバーチは要求し、ピープスは、出せとおっしゃるなら出しましょうと開き直り気味である。委員たちに膨大な明細書が読めますか、読めても理解できますか、という態度である。

バーチ大佐はとても生意気で、厄介だった。しかし結局われわれは、一隻の船の勘定をもっと完全に用意して、数日のうちに彼らのお目にかけることに同意した。そうすれば、彼らがやろうと思っていることがどれだけ面倒なことか、わかってもらえるだろう。

（第一巻、二五三頁）

委員長のバーチ大佐は革命のときは議会を支持する長老派に属し、信心深く真面目な人だった。兵員と船舶の解雇問題に詳しく、のちに一六七八年頃から世間を騒がせた「カトリック陰謀事件」では反カトリック・ホイッグ派で、カトリック教徒で海軍本部長だったヨーク公を王位継承資格者から排除する運動に参加した人である。そのうえに、委員長に就任するとき、海軍の軍縮問題では多額の金の節約をしてみせる、と下院で大見得を切った、とピープス『日記』は示唆している。最初の仕事でこの場に飛び込んだピープスも気の毒で、いちいち文句をつけるバーチ大佐が「生意気だ」というのはそういう意味だろうが、バーチ委員長のほうも、自分が主宰する最初の委員会で海軍側にきびしい注文をつける気でいたことも多少は理解してやらねばなるまい。新任者同士の意地がぶつかり合う場面である。

十八日の委員会が紛糾したあと、二〇日にピープスはシティのハート少佐の宿所を訪ねた。少佐はサニッジ殿様が形式的とはいえ連隊長を務めるシュロップシャー連隊の将校で、困ったピープスは味方をしてくれそうな人を訪ねて相談したのである。少佐はワインで暖かくピープスをもてなし、次のように語った。

バーチ大佐と委員会は、陸軍——そして海軍——の解体にまずい方法を用いており、議会には多額の金の節約になると約束しているが、われわれの判断するところ、手間ひまがかかり、陸海軍の会計を七面倒くさく調べたりというわけで、手を出さなかった場合よりも、国王の出費は多くなりそうだ、ということをいっていた。（第一巻、二五五頁）

これは現代でも通用しそうな意見で、少佐はピープスが願っていたとおりのことを言ってくれた。実はピープスも自分の勘定にいつも自信があったというわけではない。だいぶ先の話だが、ちょうど六年後の一六六六年九月二十三日の『日記』には、議会に出す海軍戦費収支報告書について、「しかしわれわれの計算のやり方は、まったく的はずれということはないとしても、もし議会が小うるさいことをいってくれば、厳密な検査には耐えられないだろう」と正直に書きながら、それをそのまま大蔵大臣に提出したのである。

しかし、それは先の話で、二十六日には、収支報告書が議会に提出された。

家に帰ってからサー・W・バッテンのところへいった。そこで聞いたところでは、われわれの件は今日議会に提出され、われわれの収支報告書を検査するために全院委員会が選ばれ、たくさんの意気さかんな連中がそれを調べることになったそうだ。おそらくわれわれにいろいろ面倒や非難を浴びせかけることだろう。そしてきっと（これが心配なのだが）いろいろ落ち度を見つけて、もっとよい役人を集めてこいと要求することだろう。これがほんとうに心配なのだ。（第七巻、三五八頁）

その一週間後に会計検査を受けたときの記事があるが、これも注釈として引用しておこう。このときも検査官のなかにあのバーチ大佐がいて、そこにピープスがリストや会計簿を抱えて乗り込んできた。こういう場に出るとき、ピープスは必ず帳簿や書類をいっぱい抱えてくる。ピープスの名前はなくても、たくさんの文書を持ち込む海軍事務局の男、といえばたいていピープスのことである。海軍幹部が入れ替わり立ち替わり部屋に来るが、真剣に対応するのはピープスただひとり、真っ暗になるまで説明した。最後に、検査官たちは満足した様子で仕事を打ち切った。しかし、彼らは予想以上に有能だった。

しかし彼らは抜け目がなく、懐が深く、われわれの欠点すべてを指摘するよう、訓令を受けてきているようだ――一例を上げるとすれば、われわれが船に最初から定員いっぱいの人を積んでいた、と計算しているようなことだ。(第七巻、三六八頁)

バーチ大佐で脱線したが、ここでふたたび、一六六〇年秋に話を戻そう。艦船の整理や兵員の解雇予算審議でバーチ委員長は「生意気」で「厄介だ」とピープスはこぼしたが、最初の委員会のすぐあとの九月二十四日に、ピープスは殿様の宿所でバーチ委員長と出くわした。あの「生意気氏」に出会った、とピープスは書いている。そこでどういう話になったのか不明だが、ピープスは「バーチのために」馬車を拾い、ブロード通りのダンス会にゆき、そこでうまいダンスを見物したという。ここである程度の話し合いができたのか、翌日にピープスはバーチらと共にロンドン塔下の船つき場から役所の屋形船に乗ってテムズ下流のデトフォードに赴き、サクセス号の退職金支払いをした。その日のピープスのバーチ評価は、「生意気氏」から「バーチ大佐は実に活潑な男で、働くことにかけては、生まれてはじめてお目にかかるほど、倦むことを知らず、積極的である」と一変していた。どうやら二人のあいだには仕事への献身ぶりである種の友情が生まれたらしく、大佐に助けられる場面もあった。

そもそも艦船の傭船契約解除、払い下げと兵員の解雇については、『日記』にはいかがわしい取引の記事が多い。海軍に徴用した船舶の持ち主から、有利な取り扱いを求めるアプローチがある。ストローンという艦長は払い下げ船二隻の代金の半額を国王からもらったという。言い換えると、国有財産払い下げで大幅な値引きをしてもらったのである。この件ではピープスが仲介したようで、十一月下旬にストローンは役所に訪ねてきて、ピープスを近くの小料理屋に誘った。食事のあいだに彼は軍艦で金を節約するために国王に進言できることをあれこれ得意げに語っていた。

また、十一月二十九日にピープスは弁務官のサー・ウィリアム・バッテンと相談して、「チャーチ号を四四〇ポンドで売り、三九一ポンドを請求した」。この文言はわかりにくいところがあるが、差額の約五〇ポンドを海軍弁務官と海軍書記官が懐にした、ということだろう。いや、実はもっと高く売りつけた、との説もある。海軍と並行して陸軍も一部縮小を実行していた。殿様はシュロップシャー連隊の連隊長であり、この連隊の解体とともに、ピープスは自分自身の未払い給料として、たいした額ではないが二十三ポンド十四シリング九ペンスを得た。ピープスは連隊に何らかの名目的な地位を保有していたのであろう。この金を届けてくれたのは、ピープスが海軍予算のことで相談にいったあのハート少佐である。ハート少佐からピープスが受け取った金は「殿様の連隊の解体時までのわたしの給料分である――全然苦労もせずにこれが手に入るとは、大いなる祝福である。しかしこれ以上こんなふうに金が入るなどという甘い考えは、もう捨てなければならない」と書いて、彼は重ねて神を祝福した（十一月二十八日）。名目は給料、実質は陸軍解体で得た役得である。

海軍書記官ピープスが特権を存分に利用して海軍の一部解体から大きな利益を享受しているのに反し、下級の水兵はひどい目にあっていた。議会が予算を充分に認めてくれないので、未払い給料を現金ではなく、金券《ティケット》で支給する、という急場しのぎの策を考えたベテランの海軍書記がいた。「すべての水夫を即刻金券で解雇し、その金券で金を貸すものには、負債が未払いの間、八パーセントの利子を約束する」という案である。これで海軍の日々累積する赤字を食い止める、という。こういう案が出る背景には、シティあたりに大口の回収、買い占めをする金融業者がいた、と見てもよいだろう。だが、とピープスは続ける、「これではわれわれは困る。幾分われわれの影がうすくなるからだ」と。なぜ書記官らの影がうすくなるか、についてピープスは記していないが、現金が動かないと旨味がなく、都合がわるい、というのだろう。現代サラリーマンの給与が銀行振り込み制度になったころは、我が国でもこういう声があったことを思い出す。

この『日記』記事は一六六〇年十一月三〇日のものだが、月が変わって十二月三日から海軍事務局は金券案を協議しはじめる。海軍会計官のカーテレットの情報では、国王はこの案に反対だということで、半額を現金で、残る半額を三ヵ月後支払いの金券で渡しては、という意見が出た。「これはまことに現実的だ」とピープスは書いている。どう「現実的」か、いろいろ憶測ができる。これは海軍財政と彼自身の利益のバランスから見て妥当な線だ、というところだろうか。解雇される水兵と自分の両方に配慮した穏当な案で、このあたりが世に言う「落としどころ」、すなわち「現実的」解決だとピープスは見たのである。

翌日には事務局の高等官全員の会議でこの案が採用され、海軍本部長のヨーク公爵も賛成した。とはいうものの、どう見ても可哀想なのは水兵たちである。陸軍でもこの秋には解体が進行していて、そのために市中に泥棒が増えたという話をピープスは役所で耳にした。陸軍兵士は故郷を遠く離れたロンドンで、僅かの未払い給与をもらって除隊になり、困窮した挙げ句に罪を犯す。この話を書いた日のピープスは、家の手入れで家具を買うために、貯金のうちの一〇〇ポンド入りの袋の封を切らねばならぬ、とこぼしていた。十二月は私璽局勤務の当番の月で、ピープスはムーア氏に仕事を任せているが、それでも出勤して、たくさんの恩赦状に捺印した。革命期での行動に対する恩赦を申請した人々が国王の印鑑、王璽を求めて私璽局に詰めかけているが、この捺印ひとつひとつが彼の収入につながる。こうして恩赦を得て安心する人々がいるが、一方ではかつての有力者、実力者に対する残酷な報復も行われていた。

一〇月十三日にロンドンのチェアリング・クロスで共和制時代の指導者のひとりトマス・ハリソン少将（一六〇六—六〇）が「絞首、内臓剔出、八つ裂き」にされるのをピープスはわざわざ見に行き、「彼は間もなく綱から切って落とされ、その首と心臓が人びとに示して見せられた。すると喜びの大喝采が起こった」その現場を見た。ハリソンは「きっとかならず近いうちに、キリストの右に立って、今自分を裁いたものたちを裁きにくる」、と言ったそうで、「そのような状況で可能なかぎり、明るい顔をしていた」とはピープスの感想である。

このようにして、わたしは偶然にも、ホワイトホール宮で国王の首がはねられるのを

見、そして国王の血に対する復讐として、最初の血がチェアリング・クロスで流される
のを見たわけだ。（第一巻、二七三頁）

「国王弑逆《レジサイド》」に加担した人々、つまり前国王チャールズ一世の裁判で死刑判決に署名した人々のうち、クロムウェル、アイアトン、ブラッドショー、プライドの死骸を、ウェストミンスター寺院の墓場から掘り出して、絞首台まで引き回し、そこに吊して、台の下に埋める、とする案件が議会で十二月四日に議決された。ピープスは、当然の報いとはいいながら、こんな不名誉な目に会う彼らは気の毒、との感想を書いた。地位と金を得て神に感謝する彼と、革命指導者の運命とを比べ、政治の冷酷さを感じる一節である。

幸運に恵まれて神に感謝するピープスにも、ひやりとする瞬間はあった。それはハリソン処刑と革命指導者四名の墓場曝きのあいだにはさまれた十一月一日のことで、王侯貴族のような暮らしで羽振りのいい弁務官・海軍監察官のサー・ウィリアム・バッテンの家に食事に招かれたときのことである。

ここでわれわれといっしょに、あと二、三人この地方の紳士が食事をした。その中に

は、わたしの昔の学校友だち、クリスマス氏がいて、彼を相手に話がはずんだ。彼はわたしが子どものころ大の共和派だったことを覚えていた。そして彼が、国王の首がはねられた日にわたしがいったことば（わたしが国王について説教するとしたら、その題はこうだ。「邪悪なる者たちの記憶は朽ちる」）を覚えているのではないかと、ひやひやしたが、あとになってわかったことだが、彼はそれより前に退学していたのだ。（第一巻、二八八頁）

国王の帰国後半年の今、非国教徒への圧力が次第に強まり、革命指導者の墓を曝く報復がはじまったとき、まだ幼くて未熟であった頃のこととはいえ、今をときめく海軍書記官殿が国王処刑を賛美し、聖書のテクストを引用して非国教派説教師まがいのことを口にした、と判明したら、彼に反感を持つ人々に絶好の武器を提供することになる。昔の不用意で衝動的な発言を後悔することはよくあることだが、職場で微妙な関係にある弁務官バッテンの午餐会の席上でその話を持ち出されると、噂はあっという間に事務局に拡がり、海軍準幹部の地位が危うくなる。ピープスの不安はそこにあったが、あとはあっけない幕切れで、不安は一瞬に消えた。「彼はそれより前に退学していたのだ」と聞いてピープスばかりでなく、読者もよかったと思う。と同時に、近ごろ増長気味の書記官殿にはいい薬だ、という気もするのである。

　午餐会では、もうひとつ注目に値する記事がある。酒飲みのクリスマスははしゃいで、「ケイス、アッシュ、ナイなど、非国教派の牧師のものまねをして、われわれをおもしろがらせた――それがまた、じつにうまいのだ」というくだりがそれである。ケイスとアッシュは長老派、ナイは独立派の有名な説教師である。王政復古期には、前代への反動として非国教徒や過激派の説教師への反感が目立ち、文学作品にもそれが露骨に見られ、国教体制派の諷刺詩人の誰もが試みるテーマであった。説教師の物まねをしてピューリタンを嗤う遊びも流行していた。元海軍事務官のバーロウの代理人として、ピープスとの補償の金銭交渉を引き受けた数学・統計学者のサー・ウィリアム・ペティも物まねを得意とし、長老派、独立派、カトリック宣教師の説教ぶり、口ぶりをうまく使い分け、国王の前でも演じた、とジョン・オーブリーが『名士小伝』のペティの章で書いている。日本の寄席の演目にあった政治家の演説の物まねに類するもので、クリスマスもそれぞれの宗派と説教師の独自の口癖とスタイルを上手に披露したのである。クリスマス君が早く退学したことが「あとになってわかった」とピープスは書くが、その「あと」が直後だったのか、それとも、帰宅してのちに思い出したのか、記事からは判らない。クリスマスが物まねを一通り聞かせたあと、「おいサミュエル、君もやったらどうだ。国王処刑のあのときは聖句まで持ち出して、たいした説教師ぶりだったぞ」と酒の勢いでしつこく迫ったらどうなるか。ピープスが怯え、ハラハラしている情景が浮かぶ。その晩に記憶をたぐった末に、クリスマスの早期退学に気がついて、バカな心配をしたものだ、と胸をなで下ろす、としたほうが読者には面白い。ときにはピープスにお灸をすえるのもわるくない、と。

同じ頃、一〇月二十二日の殿様のことばを注釈として引用しておこう。教会では、霊感が働くままに妙な節回しの長説教をしたり、妙な説教本を読み上げるのはやめて、前世紀に国王の名で刊行された『模範説教集』を朗読しておくのがいちばんよい、というのがサニッジ殿様のご意見だった。

宗教の話になったが、殿様はまったくの懐疑主義者で、こんなに説教が盛んに行われている間は、世の中はうまく納まらない、教会では（模範）説教集以外は読み上げないことにしたほうがいいだろう、とおっしゃった。（第一巻、二七九頁）

4　宗教・宗派と政治問題

話題が説教のことになったので、ピープスが海軍書記官として勤務をはじめた頃の宗教・宗派問題はどうなっていたかを『日記』を通して観察してみよう。

チャールズ二世が帰国を前にして発した「ブレダ宣言」は、宗教・宗派問題についても、他の諸問題の場合と同様に寛容、融和的であった。「宣言」を一読すると、ここまで譲歩するのか、という気さえする。多くの人々を味方につけて帰国の道を開こうとしたチャールズ二世としては当然の戦略である。国教会では、聖職者の階層制と従来の礼拝儀式を重視する主教制（または監督制）支持派と、長老会議による教会運営を主張する長老派の対立があった。国王と彼の側近は、チャールズ帰国を支持した長老派の立場を尊重しながら、保守派と長老派のあいだに和解と融和をもたらすための予備的な話し合いを一六六〇年の三月頃からはじめ、八月には正式にそのための委員会が発足した。

当時の用語でいえば「包括《コンプリヘンション》」を求める試みであって、教義上の話し合いによって諸宗派を国教会の内部に迎え入れ、包括するのがコンプリヘンション政策である。大法官クラレンドン伯の邸宅のウスターハウスが会議の場所に選ばれたので、ウスターハウス会議と呼ばれた。九月には案がまとまり、国王も出席して結論を得た。「宗教問題についての国王の声明を読んだ。とてもよく書かれていて、たいていの人の満足するものだと思う」とピープスは一〇月三〇日に評している。これが国王の「ウスターハウス声明」であるが、議会に提案すると否決されてしまった。

法案を読むと長老派にかなり歩み寄って、従来の礼拝儀式、『祈禱書』の使用や牧師が身につける白衣《サープリス》の着用では、強制を避けてなるべく牧師の裁量に委ねるなどの方針が採用されていた。しかし、議会保守派と革命前体制の復活を求める司教制支持勢力の同意を得ることができず、現場の牧師のあいだで混乱と当惑を招いた。長老派系の牧師のなかには、国教会制定の『祈禱書』を礼拝で使うことを拒否するか、名目的にほんの一部をわざと駆け足で、しかも曖昧な発音で読むなど、時に滑稽に見えるような方便に逃げ込む者もいて、ピープスはこのような牧師たちの当惑ぶりを楽しむように観察し、記録した。彼は殿様伯爵のことを、宗教では「まったくの懐疑主義者」だと評したが、ピープス自身もこの件では「懐疑主義者」で、牧師の言動をさめた眼で眺めていた。

一〇月二日の夕方に彼は夕べの祈りを見に行ったが、会衆はまばらである。「どうやら宗教というものは、その種類がどうであれ、ただの気分《ヒューマー》にすぎず、それへの敬意も、他のものごとと同様、うつろうものらしい」というのがその時の彼の感想である。そのくせに彼は説教を聴いて論評するのが大好きで、日に三度も説教を聴くことさえあった。一六六四年の一〇月には、「シティを歩き、何軒か教会をのぞいた」（一〇月二日）という記事があるが、その目的は説教以外にもあった。ピープスは礼拝のあいだに会衆のなかで美しい女性を物色し、場合によってはわざわざ目当ての女性の隣りに席を移して、手を出すのを趣味としていた。いや、それだけではなく、自分のその種の観察や行動を『日記』に記すことも趣味の一環だったようである。

二年先の話であるが、ケンブリッジ大学のギリシャ語、修辞学教授も務め、国王付きの牧師でもあるロバート・クライトン博士が一六六二年三月七日に、国王とヨーク公夫妻を前にホワイトホール宮の礼拝堂で説教をした。ピープスが聴いたその説教の題《テクスト》は「ミカ書」第一章からの「ちりの中にころび回れ」という聖句であった。「聖書」では、ちりと灰をかぶって悔い改めの気持ちを表す、というが、前国王チャールズ一世を処刑し、国に大混乱をもたらした共和派や過激派よ、王党派が味わった苦しみを味わい、ちりの中をころび回って悔い改めよ、という保守派の怒りを代弁するのがクライトンのこの日の説教である。

テクストの語句についてクライトンは蘊蓄のあるところを披露したが、実例《アプリケイション》による説明に入るとひどく滑稽な話に飛躍した、とピープスは批判する。つまり、以下の『日記』の引用の後半部分で分かるように、テクストから遠く離れて脱線・逸脱し、とんでもない解釈を試みた、とピープスは講評するのである。クライトン博士の説教は「まさにヒュー・ピーターズさながらだった」とピープスは付け加えるが、このヒュー・ピーターズは共和制時代に議会派に属し、陸軍付き牧師でもあった人で、チャールズ一世処刑を説教壇に立って煽動したとの罪で一六六〇年の秋に死刑に処せられている。彼も聖句から発して奇矯な解釈を延々と披露する人として一時は有名であった。勝手な解釈に突っ走る牧師は右も左も同じように滑稽だ、と突き放すのがピープスの評価である。クライトン博士は、国王と苦難を共にした王党派の人々や、共和制時代に追放された国教会牧師への処遇はこれでよいのか、と目の前にいる国王やヨーク公爵にあからさまに訴えている。

ここはピープスのことばに耳を傾けるのがいちばんよい。クライトンは、

あわれな王党派は、国王とともにイギリスに戻ってきたりしなかったほうがよかったのだ、なぜならば、生意気にも、法に定められた治安判事への従順と、国王主権の宣誓を否定する者のほうが、生涯国王のために苦しみを味わってきた、あわれな王党派の人間が、今日ホワイトホール宮の友人たちの間で受けているより、よい扱いをニューゲイト監獄で受けているのだから、と（クライトンは）いっていた。彼は男が四旬節の間に妻と寝ることに大いに反対論をぶち、この季節に自分の妻を相手に肉欲にふけるのは、別の季節に他人の妻と肉欲にふけるのと同じだ、といった。（第三巻、五五頁）

クライトンは王政復古の前にオランダのハーグで、当時まだ亡命中だったのちのチャールズ二世の前での説教で、「チャールズ一世王の髪の毛をつかんで押さえつけたのが長老派なら、王の首を斬り落としたのが独立派だ」と発言したことがある。長老派も独立派も同罪だというのがクライトンの立場である。革命のあいだにさまざまな被害を受けた人々の不満がこの頃続出し、「ブレダ宣言」に基づく復権と補償を求める声が高まり、クライトンは説教でこれらの人々の心情を代弁していた。

彼はほぼ一年後の一六六三年四月三日にも同じホワイトホール宮礼拝堂の説教で、共和派への憤懣を露わにした。この日の礼拝堂は超満員で、ピープスは特別席にも入れず、聖歌隊のあいだにようやく席を見つけた。クライトンの歯に衣を着せぬ王党派説教はある種の人気があって、多数の会衆を集めていた。「たいそうすぐれた、立派で、学識あふれた、まっとうな、じつにきびしい説教」だった、とまでピープスが褒めるのは珍しいことだが、変わり者のクライトンらしく、「それでいて滑稽なところ」もあったそうである。『日記』ではその日聴いた説教の題《テクスト》を記す場合が多いが、この日のテクストとして選ばれたのは、聖母マリアについて、「あなた（キリストのこと）を産んだ腹、あなたが吸った乳房は幸いです」という女のことばと、それに対して、「いや、幸いなのは、神のことばを聞いて、それを守る人たちです」と答えたイエスのことばだった、と『日記』にある。これは「ルカ伝」十一章の引用だが、ここからクライトンがどういう解釈を引き出したか、は『日記』には記されていない。一年前の説教から類推すると、マリアの腹と乳房からとんでもないおかしな話に発展したかもしれない。

しかし、クライトンが強調したかったことは、次のピープスの記事に見られる。クライトンは、ときどきジョン・カルヴィンとその一派、長老派、そして現在はやりの「敏感な良心」をひどく非難していた。彼はヒュー・ピーターズ（これを「あのいまいましい悪党」と呼んで）の説教や、彼がシティの娘たちを煽動して、とじ針やゆびぬきを献納させたことをひどく攻撃した。（第四巻、八九頁）

「敏感な良心《テンダー・コンシャンス》」（Tender Consciences）とはピューリタン諸派の、（クライトンから見れば）行きすぎた敬虔、過敏な倫理的感性を意味する。一六六二年祈禱方式統一令《アクト・オヴ・ユニフォーミティ》（The Act of Conformity）は、国教会が定めた『祈禱書』の使用と白衣《サープリス》（Surplice）の着用などを国教会の牧師に強制した。この強制に対して服従するのは「良心」にとって耐え難いとして拒否する人々の心を、クライトンは「敏感な良心」をそなえた方々、と嘲ったのである。この情況のもとで、「敏感な良心」は侮蔑的な文脈で使われ、流行語であった。「とじ針とゆびぬき《シンブル・アンド・ボドキン》」（Thimble and Bodkin, 語順からいえば指ぬきととじ針）とは、革命時代の議会軍を維持するために金や銀の献納が求められたとき、貧者の一燈としてシティの婦人たちにとじ針やゆびぬきも拠出するように、とヒュー・ピーターズが説いてまわった、という話への言及である。要するに、王政復古の現在、クライトン牧師は有利な立場に立って、国王臨席のもとであろうとおかまいなしに、宮殿の礼拝堂で遠慮会釈もなく昔の共和派をこき下ろした。いや、国王臨席のもとであるからこそ、この場で勝手な放言ができた、のである。

クライトンの発言は祈禱方式統一令が出るまえの宗教界の一部の雰囲気を伝えているが、ここでふたたび一六六〇年の夏にもどることにしよう。クライトン博士のように傲慢とも見える牧師が一方にいるかと思えば、他方では新体制への融和と赦しを求める人々もいることを、われわれは『日記』から知ることができる。チャールズの帰国から二ヵ月あまりのちの一六六〇年八月十二日に、ホワイトホール宮の礼拝堂でピープスはカラミー牧師の説教を聴いた。カラミーは長老派牧師の有力者で、国王の復帰、王政復古の実現に貢献し、国王付き牧師に任命された十余名のうちの筆頭牧師である。彼は長老派のなかでも穏健な道を選び、共和制時代の言動も比較的穏やかだったといわれ、新たな政治体制のなかで長老派と国教会との融和を図っていた。しかし、一六六三年の四月出版の、長老派リーダーたちの革命中の説教を集めた本『武装した福音』では、改革と称して国民を破壊的行動に煽動した長老派牧師の筆頭としてカラミーの名がある。この本をピープスも手に入れて、「彼らが今どんなに猫をかぶっているかがわかって、今読むとおもしろい」と評している

（四月二五日）。一六六〇年夏においても、カラミーはあやふやな立場にあり、王政のもとで猫をかぶっているのと見る者もあったのであろう。

　さてそのカラミー牧師のことだが、六月六日に短いが注目すべき記事が『日記』にある。六月六日といえば国王のドーヴァー上陸の直後といってもよい時期で、「カラミー師は国王の前で白衣を着て説教した由。これはのちほど誤報だとわかる」とピープスは知人の手紙で得た情報を記している。有名な長老派牧師が、偶像崇拝や儀式反対の意味でこれまで着用を頑なに拒否してきた白衣をついに着用した、というので、あのカラミーが転向したのか、と世間で評判になったようである。誤報だったとはいえ、火のないところに煙は立たぬ、で、この噂はカラミー師の不安定な心情と世人の奇妙な期待感を示唆する。また一説によれば、彼は国王に礼拝時の白衣着用の免除を願い出たが、それならば説教するに及ばず、と冷たくあしらわれたという。それはさておき、国王帰国後三ヵ月にもならぬ一六六〇年八月一〇日の『日記』に話を戻すと、次のような記事がある。

　主日。殿様のところへ。お伴をしてホワイトホール宮の礼拝堂へ。カラミー師が、「多く与えられた者は、多く求められる」ということばについて、よい説教をした。彼は他の者たちと同様、国王への三度のおじぎなど、たいへんこせこせしていた。説教のあと、クック大尉みずからが歌った立派な賛美歌があり、国王はご満足だった。(第一巻、二二七頁)

説教の題の「多く与えられた者は、多く求められる」は「ルカ伝」十一章四十八節の一部で、節全体は「しかし、知らずに打たれるようなことをした者は、打たれかたが少ないだろう。多く与えられた者は、多く求められ、多く任せられた者からは更に多く要求されるのである」となっている。ピープスの聖書の引用は不正確なことがしばしばあり、カラミー師の選んだこの日の題のテクストはもう少し長かったかもしれない。そこで、ヒュー・ピーターズやクライトンに倣ってわれわれ読者もカラミー発言の拡大解釈を試みれば、こうなるのではあるまいか、と私は想像する。

「チャールズ一世陛下の処刑に反対したとはいいながら、わたしの共和制下の言動には遺憾な点が多々ありました。情況を知らぬままに、鞭打ちに値することもいたしました。わたしの無知な行いに寛大なご処置をお願いします。こうして国王陛下付き牧師の地位という大任を与えられたからには、これから先、地位にふさわしい忠勤を励む所存であります。」

さきのクライトンのことばを使えば、長老派はチャールズ一世陛下の首根っこを首斬り台に押さえつけ、斬首の実行を独立派に委ねた。「敏感な良心」の天秤にかけて比較商量すれば、両派のあいだには大きな開きがある。長老派には情状酌量の余地があって、この重みの差を正確に量るのが「敏感な良心」の役目である。カラミー師はあえてこのテクストを選び、説教のあいだに三度も国王にお辞儀をして理解を求めた。そこまでしなくても、という印象をピープスは受けたらしい。「たいへんこせこせして《オフィシアス》いた」（Officious）とは「余計な、しなくてもよい」ことで、義務としてどうしても行わねばならぬ「オフィシアル」な事柄とは違う。このあたりにカラミー師と一部長老派の心情を読み取ることができるだろう。

ピープスの文章でもうひとつ気になるのは「他の者たちと同様」というところである。これは、「国教会保守派と同様に長老派のカラミー師も」国王に服従の姿勢に転じた、という意味か、「他の長老派牧師と同様にカラミー師も」の意味か、その両方に取れる。一つの参考として、約一ヵ月前の、同じホワイトホール宮礼拝堂で、ピープスがヘンリー・キング牧師の説教を聴いたことをここで指摘しておこう。キングは王政復古の時に生存していた革命前の九人の主教（司教）のひとりであり、カラミーとは立場が異なるが、それを知ったうえで、『日記』の一六六〇年七月八日のキング師の説教と比較してみよう。

キングの場合もホワイトホール宮の礼拝堂での話である。共和制のもと、礼拝で排除されていた音楽が徐々に復活していたらしく、「オルガンと白衣の聖歌隊を聞いたのは、生まれてはじめてだと思う」とピープスは驚いたが、いい音楽を聞いたと喜ぶ。彼が物心ついた頃はすでに教会での音楽は禁止されていた。聖歌隊の賛美歌に続き、「チチェスターの司教が、国王の前で説教し、たいへんお世辞たっぷりなことをいった。聖職者が国事に口を出すのはよくないと思う」とピープスは書いた。この司教がヘンリー・キングである。いわば生粋の国教会の人であるキングは平気でお世辞を言い、国王の気に入るような政見を述べた。長老派牧師カラミーはお世辞こそ言わなかったが、遠慮しながら聖書のことばと三度の会釈によって国王の寛恕を求めたのではあるまいか。

カラミー師は現代の読者には何となく気の毒に見えるが、ピープスは彼に冷たく、猫をかぶっていると疑っていた。しかし、一六六二年のカラミーは祈禱方式統一令（六二年五月十九日に議会通過）に服従することを潔しとせず、拒否して説教壇を去った。このときの彼が信仰を曲げなかったことを記しておかねばならない。

カラミー牧師のことはこれまでにして、ダニエル・ミルズ牧師の場合に話題を移そう。彼はピープスが通う聖オラヴ教会の教区牧師で、『日記』にもしばしば登場する人である。彼のように現場で会衆の注目の的になる牧師にとっては、共和制時代に禁止されていた白色の法衣や『祈禱書』をいまどう扱うべきか、はデリケートかつ現実的な課題で、いわば この時期の牧師が直面する踏み絵、「敏感な良心」にはつらいことである。

一六六〇年十一月四日の日曜日の朝、いつものようにピープスは教区の教会へ行った。

ミルズ氏は詩篇二つを読んだあと、「父と子と聖霊にみ栄えのあらんことを」と、公禱を少しばかり唱えはじめた。しかし会衆は全然慣れていなかったので、どう応答してよいかわからなかった。今回の国王の声明は、長老派に幾分かの満足と、公禱を唱える口実を与えたことになる。彼らは以前それに反対の説教をした手前、そうもできずにいたのだ。（第一巻、二九〇頁）

私たち現代人の立場から「ウスターハウス声明」を読むと、長老派には「幾分かの満足」以上の譲歩をしたと思われる。だからこそ、議会は翌月に「声明」を否認したのである。ミルズ牧師はこの日に国教会制定の公禱、すなわち『祈禱書』の、ほんの一部を国王帰国以来はじめて、用心の上にも用心を重ねて読んだ。「少しばかり唱え」は原文では'Nibble'で、しっかり嚙むのではなく、うさぎのように警戒しながらすこし嚙んで様子を窺うことである。牧師はすこし読んで会衆がどう反応するか試してみたので、「そっと嚙んでみる」には彼の苦衷が感じられる。ほぼ四ヵ月前の七月一日にピープスはウェストミンスター寺院の礼拝に出席したが、そのときは「まだ公禱は行われていない」と彼は書いた。いつ旧礼拝儀式が復活するか、会衆が息をひそめて見守る気配がある。

しかし、ピープスの日常から判断して、『祈禱書』の復活を願っているのではなく、復活した場合に会衆がそれをどう受け止めるか見てみたい、という好奇心が先に立つ。ピープスがホワイトホール宮礼拝堂でオルガン演奏と白衣の聖歌隊の賛美歌をはじめて聞いてどんなに驚いたかについては前に述べたが、それは一週間後の七月八日のことであった。その後しばらくのあいだ、彼は海軍書記官の任命書獲得のため駆け回っていたが、八月五日の主日に聖マーガレット教会で、国王復帰後はじめて『祈禱書』が読まれるのを聞いた、と書く。読者の期待に反して、彼はそのときの会堂内の様子には一切ふれていない。ちょうど海軍事務局と私璽局とのかけ持ちで忙しかった頃である。ジョン・イーヴリンの『日記』の八月八日の記事にも、「長らく禁止されていた儀式が各教会で公に行われるようになった」とある。夏になって教会の礼拝儀式がはっきりと変わってきたらしい。

やがて秋が来て、一〇月に国王の声明、すなわち「ウスターハウス声明」が公布された。ピープスは三〇日に、「今日出たばかりの、宗教問題についての国王の声明を読んだ。とてもよく書かれていて、たいていの人の満足するものだと思う」と感想を書いた。「声明」は長老派に対する『祈禱書』強制を事実上撤廃し、牧師の自由裁量にまかせた。長老派系ではないミルズ牧師ではあるが、それから五日後、月が改まって意を決したように『祈禱書』を「すこし読んで」様子をうかがったのである。国王の声明に従えば、『祈禱書』の一部でもよい、形だけ読めばよし、あとは現場に任せる、ということになっている。ミルズ牧師はこの声明に飛びついた、という印象がある。説教のテクストを慎重に選び、国王に三度のお辞儀までしたカラミー牧師の場合と同様に、読者はミルズ牧師に「そこまで用心しなくても」と言ってみたくなるが、ここはやはり彼らの時代の宗教問題のきびしさを斟酌すべきだろう。ミルズ牧師が『祈禱書』を「少し読む」、「そっと噛む」ようになるまでには、このような経緯があった。

ところが、「少し読む」だけでは不満な国教派寄りの会衆もいる。国教会の儀式で決められた部分すべてを、はっきりした発声で読んで貰いたい、と彼らは要望する。ベイツ博士に続いて、長老派最後の日の午後に説教壇に立ったヘリング牧師が主宰する礼拝では、「彼が朗読した分量では両派ともに不満であった」とのことである。中途半端で両派の怒りを招いた、という。両派とは、礼拝の場にいた国教派と長老派の人々であろう。こういうとき、牧師はどうすればよいのか。原理的にいうと、国教会派は『祈禱書』を定められた規程通りにちゃんと読め、と言い、長老派寄りの人たちは『祈禱書』を無視せよ、と言う。当日の牧師は、それぞれの信徒の人数と信条に配慮し、その上でどの程度の分量を読むか決めるのだろうか。いわば、牧師自身が職業的「決疑論《カズイストリー》」(Casuistry)の問題に答案を出さねばならぬ、という窮地に立つ。決疑論とは、あの「敏感な良心」に基づいて、諸々の条件、状況を勘案した上で、自らの行動を決断する為の論理或いは理屈である。

決疑論で切り抜けられる牧師は幸いである。内輪もめで済まなくなる例も多かったのではあるまいか。非国教徒集会(コンヴェンティクル)を主宰する者が、主立った信者を教区教会から誘い出し、自派の集会に参加させる例がしばしば見られたことは、下院議員の発言や回想録のたぐいから判る。

ミルズ牧師の及び腰を前にして、会衆も当惑した。長期にわたり『祈禱書』朗読を聞いたことがないので、牧師が『祈禱書』に従って祈禱のことばを唱え、そのあとに会衆が応答のことばを唱える場面になっても、応答がすぐには返ってこない。応答をどう唱えたらいいのか会衆は忘れていて、互いに顔を見合わせる、という情況があったことをピープスの文章は示唆し、教会新体制のもとで牧師も会衆も戸惑っている様子がよく分かる。中には、忘れたのではなく、全く知らぬ世代もあっただろう。自由になればなったで、しばらく試行錯誤が続いた。

ミルズ牧師は次の日曜日の十一月十一日にはやや大胆になって、「今日ミルズ氏は公禱の全部を唱えはじめた。結構なことである」。国教会が定めた『祈禱書』のうち、その日に定められた祈禱の文句をすべて唱えた、ということで、ピープスはミルズ牧師のこの態度を「嬉しいことだ」と評価した。翌年一六六一年の一月二十八日の『日記』では、前の年の議会議決に従い、革命・共和制時代の指導者クロムウェル、アイアトンとブラッドショーの遺体を墓から掘り出し、改めて絞首、八つ裂きの刑が執行されたことが、ピープスが行った飲み屋での話題になった。その作業は二十六日からすでにはじまっていた。しかし、残酷な復讐の儀式のことを聞いたあと、何事もなかったようにピープスは劇場に向かい、『行方不明の婦人』と題する芝居を見物した。

そこから劇場へいって、また『行方不明の婦人』を見た。今度は前よりおもしろかった。ここでわたしがうしろの暗がりに坐っているのに、一人の婦人が振り向きざま、間違って唾をはきかけた。わたしが見えなかったのだ。しかし彼女がたいそう美人の女性だとわかったあとは、全然気にならなかった。（第二巻、三五―三六頁）

こうして世間の空気が少しずつ変わる気配が見えてきた。これよりさき、新年早々の七日の早朝にシティで第五王国派の蜂起があって、『日記』では市長とシティ全体で四万人が武装したという。蜂起の人数は小規模ですぐに鎮圧され、十九日に出勤中の馬車からピープスは首謀者のヴェナーとブリチャードらが刑場に曳かれてゆくのを見た。「最初の二人は内臓剔出、八つ裂きだ」（一月十九日）。共和制時代の権力者や「過激派」に対する議会の追及が次第にきびしくなっていた。議会が「ウスターハウス声明」を否決したのもその現れのひとつであろう。

そして一月三〇日になる。一六四九年のこの日に処刑された前国王のチャールズ一世を偲ぶ断食の日である。この行事が行われるのははじめてで、「ミルズ氏はたいへんすぐれた説教をした――題は、『主よ、われらの昔の咎を許したまえ』だ。祖先の罪のゆえに人間を罰したもう神の正義について、すぐれた話をした」とピープスは評している。革命の指導者の遺骸が八つ裂きにされたのも昔の罪の償いだ、とまではミルズも言っていないようだが、この断食は忌まわしい過去を甦らせる事件のひとつであった。

ミルズ牧師のことをもう少し書いてみよう。それは、一六六一年七月十五日のことである。

今朝三時に起きて、馬でケンブリッジにゆき、七時ごろに着く。散髪をしたあと、クライスツ・コレッジへいったが、弟のジョンは、八時だというのに、まだ寝ていた。腹が立った。それからキングズ・コレッジの礼拝堂へ。学生たちが、白衣を着て、オルガンつきの礼拝に出ていた――わたしのころに行われていたことにくらべると、異様な光景だ。(第二巻、一五四―五頁)

キングズ・コレッジのオルガンは動乱がはじまって一六四三年に撤去され、ピープスがモードリン・コレッジに入る五一年には白衣の聖歌隊の姿も珍しくなっていたという。一〇年ぶり、六一年の夏にキングズ・コレッジに来たピープスには「異様」に見えるほどに礼拝の様子が一変していたことを知る。そして、翌六二年五月十九日に議会を通過した祈禱方式統一令が英国国教会の『祈禱書』の使用、牧師の白衣着用、さらに、長老派の信仰と政治的立場の尊重を宣言する一六四三年の「厳粛なる同盟と契約」(The Solemn League and Covenant)の盟約の否認、までも長老派に要求することになって、あのウスターハウス声明の和解のムードははるか昔のことになった。

統一令に服従するか否かを長老派牧師たちが態度で示す期限は一六六二年八月二十四日の聖バーソロミューの祝日と定められた。この祭日は一五七二年にフランスでプロテスタント信徒の大虐殺が行われた日に当たり、その忌まわしい記憶が多くの人々の心に残っていただろう。五月十九日の統一令の議会通過のあと、月末にその印刷が進み、これが文書で出回ると長老派牧師のあいだにはたいへんな騒動を引き起こすだろう、と五月末日にピープスは記した。期限を二週間後に控える八月一〇日の主日に、聖セパルカ教会の机の上に用意された『祈禱書』をガウジ牧師が脇に押しやり、さわろうともしなかった、とピープスは伯父から聞いた。長老派は期限までに『祈禱書』を捨てる準備をしているらしい、とも伯父は言った。「彼らが新しい祈禱書を読み、盟約を放棄するのなら、話は別」(八月十七日)だが、何かひと悶着ありそうだ。六二年八月十七日が「長老派が説教する最後の日曜日」だと十分に承知しているピープスは、待ちかねていつもより早く起きた。ベイツ博士の決別の説教を聞こうと思い、午前七時前に聖ダンスタン教会へ行ってみたが、早すぎて戸口は閉まっている。仕方なく彼はテンプル法学院の庭を散歩して時間をつぶし、やがて八時になる。

八時に出かけ、裏口からほかの人たちの間にまぎれこんだ。教会は、どの戸口も正式に開かないうちから、半分もつまっていたのだ。この何年間も、父母といっしょに教会にいきはじめて以来、こんなふうにして教会に入ったのははじめてだ。そして説教壇のそばの桟敷席に入ったから、説教はたいへんよく聞こえた。題は「今や平和の神が」――「ヘブライ人への手紙」最終章二〇節――だった。非常にいい説教で、今のご時世になにか当てつけるようなことは、ほとんどなかった。（第三巻、一八九頁）

各地で統一令反対の激しい説教が行われていた。ピープスの好奇心からみて、彼は「ご時世への当てつけ」をベイツ牧師に期待していたであろう。説教で政見を吐露するのがピューリタン説教の特色だからである。ところがこれは期待はずれに終わった。しかし、教会から出るときに、グレイ法学院の庭の散歩でよく見かける美しい婦人に出会う、という幸運を授かり、それで埋め合わせがついた、と言わんばかりである。ピープスはベイツ博士の説教のあとすぐに教会を出たが、ターナー夫人は、あとに続くヘリングという牧師のお別れの説教も聞いたという。彼女が言うには、「ヘリング牧師は『祈禱書』をあれだけ読んだがために、両方に人気をなくしているのだ」。『祈禱書』を読み過ぎると長老派の信者に嫌われ、反対に、主教制寄りの信者は、もっと読めと反撥する。内心では、『祈禱書』を棒読みしておけば楽だし、繰り返しもきく、という牧師もいた。本当は読みたくもない『祈禱書』を読んでみせる偽善的牧師だ、と反撥を受ける場合もある。ヘリング牧師は両派のあいだで苦しい綱渡りを強いられているように見え、この時期の牧師に我々は同情しないではいられない。昼食後の午後一時にピープスはふたたび教会に行ってみた。満員の会衆の中で汗をかきながら、ベイツ博士の朝と同じ題の説教を聞いたが、その中で博士はこう言った。

おそらくあなた方の多くは、わたしがここに姿を現わすのはたぶんこれが最後であるだけに、今の世の中について、なにかひとことと期待しておられるでしょう。ご存じのとおり、説教壇から説教の題目と中味に関係ないことをいうのは、わたしの流儀ではありません。（第三巻、一九〇頁）

これはピープスの期待に反したが、なかなか立派な発言である。ベイツ博士はこうして説教壇を去り、ピープスは「長老派は今日はほとんどみなお別れをいった由。シティはたいへん不満である」とこの日を総括した。長老派勢力が強いシティの財界の不満を彼は指摘したが、別の情況下でシティの不満をなだめるため、ベイツ博士に説教の自由を認める気運が五年後の一六六七年夏に浮上した。それも、主として「説教の題目と中味に関係ない」政治的事情から生じたのであるが（六月十三日）、この話題はその時期になって取り上げることにしよう。

そしてとうとう聖バーソロミューの祝日、一六六二年八月二十四日が来た。予想通りというべきか、シティのフライデー・ストリートの聖マシューズ教会で騒動が起こる。ピープスはそれを知人から聞いた。

フライデー通りの教会で騒動があったという話が出た。たいへん多数の若者が集まって、たびたび、煽動的に、教会の中で「お粥《ポリッジ》」と叫び、そして祈禱書を持ち去った、という。別の話では、彼らはそれを引き裂いたともいわれている。しかしたいそう不吉に思える話だ。どうか大事には至りませぬように。（第三巻、二〇頁）

「お粥《ポリッジ》」（Porridge）とは『祈禱書』や国教会儀式を中味のうすい、摑みどころのないオートミールだと嘲る政治的なことばである。それはそれとして、実は二十五年前の一六三七年の七月二十三日に、エディンバラの聖ジャイルズ教会でよく似た事件が起こっていた。この日牧師がスコットランドではじめて英国国教会の『祈禱書』を読んだとき、市場の売り子のジェニー・ゲデスという女性が二階席から牧師に向かって椅子を投げつけ、昂奮した会衆が街頭に流れ出てデモ騒ぎが広まった。これがピューリタン革命につながった、という話である。ピープスが「不吉な」と書いたのは、この事件のことではないだろうか。しかし、翌日のピープスには不安の様子は見られず、水路ウリッジの海軍工廠に行ってロープの撚り合わせなどを見学し、職員が自分に敬意を示すようになったことを喜んだ。だんだん偉くなった海軍書記官殿には得意になる機会がしばしばあったが、現場の教区牧師には気を抜くひまもない。政治と宗教の趨勢を気にしつつ、会衆と折り合いをつけて職務を遂行せねばならなかったようである。

同じ七月二十四日に、ピープスの教会である聖オラヴ教会では、ミルズ牧師が説教の中で失言をしてしまった。カトリック教の「告解」を批判しようとして、「下手な議論のために」逆にそれを褒めたたえたと会衆に受け取られ、訂正するどころか、さらに誤解を生む発言もしてしまった。これには腹が立った、と信仰や信条の問題にはあまり関心のなさそうな、そしてミルズの説教には好意的コメントをするピープスが書いている。ミルズ牧師は近所の聖マシューズ教会での騒動を聞き知っていたであろうから、おそらく緊張のゆえの失言である。そういうことがやがて来る秋の彼の言動につながっているように見える。

八月二十四日の礼拝方式統一令の施行で長老派の不満が高まり、暴動が起こるとの噂が流れた。一週間後の三十一日には違反者の逮捕があり、シティでは自衛団が出て厳重な監視に当たっている。こんな場合によくあることだが、「陰謀の手紙が見つかった」という、流言飛語の情報をピープスは記した。法律の施行から一〇日もたたぬ九月三日には国王と政府がその適用を緩和する動きも出てきて、宗教政策の不安定を窺うことができる。おかげで牧師たちはますます当惑したことだろう。ピープスは知人のフェアブラザー博士その他から情報を集めた。

国王と枢密院によって、長老派に大赦を施すとはっきり決められていたのだが、ロンドン司教（今ではイギリスにおいて、国王に対し、もっとも影響力のある人の一人）の演説で、彼らの考えは一変した。そして、アルビマール卿に栄進したジョージ・モンクは、ロンドン司教に対してもっとも強く反対したといわれているが、それも表面だけだと思う。彼はまたこうもいっていた。長老派のほとんどは、当てにしていた大赦が施されぬとわかって、今では従順にしておればよかったと思いはじめている。そしてロンドン司教は牧師の空席がたいへん善良で有能な人間で補充されるよう、十二分の配慮をした、ということだ。万事平穏を保つには、それしかないのだ。（第三巻、二一〇頁）

長老派の穏健な牧師たちに、三ヵ月に限り統一令の厳格な適用を免除することを国王が布告しようとしたところ、ロンドン司教の猛反対でつぶれたのである。しかし、ピープスの記事では司教の反対は表面だけだ、という。こういう曖昧な決着を教会の現場はどう受けとめたであろうか。九月七日の主日のホワイトホール宮礼拝堂での説教は、「古い道に戻ること」という題の説教であった。その翌日、海軍本部長のヨーク公爵は幹部を私室に呼んで、本部長が高等官を週に一度呼び集め、その週の業務を報告するという古い慣例を復活させる、と申し渡した。このしきたりは革命のあいだに廃止されていたもので、ヨーク公爵は海軍本部でも「古い道に戻ること」を命じたのである。統一令の波紋については、「彼ら（長老派牧師のこと）はきわめておとなしく出ていったし、民衆もそのことには思ったほど関心がないようだ」ともピープスは九月末日に記しており、長老派の勢力が強いシティの商業地区と保守的なウェストミンスターの宮廷・官庁地区とでは受け取り方が違っていたのかもしれない。

一〇月五日の主日にピープスはいつもの聖オラヴ教会に行った。牧師はミルズ師で、彼は奇妙な行動をした。

> 今日牧師は白衣を着た男に朗読をさせていた。おそらく彼自身も今後はそれを着るようになるだろう――この商売のやつに限って、ずるい男が多いのだ。（第三巻、二四二頁）

自ら白衣を着ることを躊躇し、たぶん読師《リーダー》と呼ばれる役目の人に着せて会衆の様子を窺う、というのは、ピープスが言うとおりずるいやり方である。『祈禱書』を用心しながら「少しばかり唱え《ニブル》」（To nibble）て会衆の反応を見るのとまったく同じことである。この時のピープスの勘は当たっていた。ミルズは確かに白衣を着ることは着た。一〇月二十六日の主日のこと、ピープスが聖オラヴ教会に行ってみると、

> そこではじめてミルズ氏が白衣をつけているのを見た。しかし朗読席で朗読が終わっ

たあと、教会中の人の見ている前で、万歳しながらそれを脱ぎ、説教壇に上がって、白衣なしで説教したのは、滑稽だった。（第三巻、二六七頁）

カラミー牧師が白衣をつけた、との誤報が世間を騒がせたのは一六六〇年六月のことだったが、それから二年余を経てミルズはようやく重い腰を上げ、白衣を着用した。しかし、思い切り悪く、礼拝の後半で会衆に見える場所で、皆さんどうぞご覧ください、と言わんばかりにバンザイするように両手を挙げて白衣を脱いで、しかるのち説教をした。白衣あり、白衣なしの使い分けをせねばならぬ情況だったことは分かるが、これはやり過ぎである。『祈禱書』の場合は、わざと「早口で、言語不明瞭に読む」という抜け道があったが、白衣の場合は右のように会衆の面前で着脱を使い分ける方式があったのである。そのほか、きちんと着用せずに、わざとらしく肩に掛けてみせるレジスタンスのスタイルもあった。ミルズ牧師は次の主日の十一月二日にも、式文の朗読では白衣を着て、そのあと着替えをして説教壇に登り、つまらない説教をした場面をピープスは見た。殊更にバンザイをして着替える、というのは確かに滑稽に見えるが、何をしてもお咎めなしに近い現代の一般の服装基準からミルズを判定するのは不公平で、彼は同情に値する。

もうひとつ、ピープスが見たミルズ牧師の例を挙げておこう。

一六六五年の夏にロンドンは疫病《プレイグ》、ペスト大流行の脅威に襲われた。余裕のある人々は続々と市外へとのがれてその終熄を待ったというが、残った住民のあいだで多数の死者が出た。翌年になって疫病の猛威が収まり、人々は避難先から戻ってきた。ミルズ牧師も避難していて、翌年の二月頃に、安全を十分に見届けてロンドンに戻ってきた。二月四日の記事に次のくだりがある。

主日。それで妻とわたしはペスト以来はじめていっしょに教会へ。それもただミルズ氏が帰ってきて最初の説教をするからだ。だれよりも先に自分の教区を出ていって、みんなが帰っている今まで帰ってこなかったことを、どえらく弁解するだろうと思ったが、たいへん貧弱な、短いいいわけをしただけ、そして説教も下手だった。（第七巻、五三—四頁）

神の試練から逃れるか、踏み止まるかの倫理的判断は現代では理解しにくい。危険からの避難にも個人の経済的余裕や宗教倫理問題がからみ、難しい「決疑論」や「敏感な良心」の問題であった。ミルズの逃げ足は早いが、教区に帰る腰を上げるのは遅い、とピープスは見ている。ミルズ牧師が、長い不在のあとはじめて説教をする。どう弁解するかを聞いてみたい、というただそれだけの目的で、寒さを厭わず雪の中を出かけたのは、いかにもピープスらしい。

『日記』編集者の注によれば、この説教をメモした人（W・ヒューア）がいて、そのテクストは、『旧約聖書』の「レビ記」にある「もしあなたがわたしに逆らって歩み、わたしに聞き従わないならば、わたしはあなたがたの罪に従って七倍もの災いをあなたがたに下すであろう」（二十六章、二十一節）である。このなかの「災い」とは、英語聖書では「疫病《プレイグ》」で、ピープスも『日記』では「疫病」にこの語を使っている。遅い復帰のあとの最初の説教でミルズ師はこのテクストを題に選んだ。彼はこのテクストをどう釈義したのであろうか。疫病猖獗の時には、治療する医者と葬式を取り仕切る牧師がいないと困るが、ロンドンを去る医者も多かったという。ミルズの疫病後の最初の説教よりも約半月前にピープスはゴダード博士という医者に会った。そのときの博士の言い分は、

ゴダード博士は、ペスト流行時に町を出たことについて、自分や同僚の医者たちを弁護して、かきくどいていた。それぞれの患者がたいていロンドンを出て、彼らはするこ

とがなくなった、とかなんとかいろいろと述べていた。（第七巻、三八頁）

患者がいなくなれば、医師が踏みとどまっても意味がない、と博士は言ったが、有力な医者がロンドンにいなくなったあと、薬剤師組合員が患者の世話に活躍し、薬剤師の社会的地位が向上した、との説がある。やがてこれが十七世紀末の医師会と薬剤師組合の対立へと展開し、この争いを面白おかしく諷刺物語詩に仕立てた医師兼詩人サミュエル・ガース作の『薬局』（*The Dispensary*, 1699）も出た。この医師・薬剤師戦争は、国教徒と非国教徒との争いと無縁ではない。国教会の牧師がロンドンから去ったあと、牧師不在の国教会の説教壇に非国教徒の牧師が登壇して説教し、信者の世話をした、という話を、次の世紀のダニエル・デフォーの作品『疫病流行記』（*A Journal of the Plague Year*, 1722）が伝えている。デフォーの文章では、

疫病の流行にたえ切れず、国教会派の牧師たちがごっそり逃げてしまいましたが、そのあとに取り残された教会に、非国教会派のうちで最もすぐれた牧師や説教者たちが大勢出入りを許されました。人々もだれかれの区別なくその説教を聞きに集まり、説教者

はだれで、どんな信条であるか、などはさして問題にしませんでした。しかし、悪疫がすぎ去ると、そのような仁愛の精神は薄れていき、やがて各教会にはほんらいの牧師が立ち返り、死んだところにはほかの牧師が任じられると、万事はまたもとの木阿弥でした。（泉谷治訳）

ミルズ牧師の場合も、単に牧師の臆病だけの問題ではなく、国教徒・非国教徒の対立の枠のなかに組み込まれていたのである。政治パンフレットを得意とするデフォーは、この作品の趣向からしてかなりペンを抑制しているが、ペスト流行でおかしくなった国教会の牧師が、教会の『祈禱書』の一節をつぶやきながらホワイトチャペルの通りをさまよい歩く、というようなくだりに、「『祈禱書』はお粥だ」と叫びたいデフォーの本音が聞こえる。

5 実務学習とオランダびいき

ここで、ピープスが海軍書記官に就任した一六六〇年夏に戻ろう。大蔵省の事務見習い程度の仕事から一挙に海軍事務局の中枢に近い地位に就いたピープスは、はじめは戸惑ったに違いない。その上に、私璽局とかけ持ちになって、利益は伴うもののますます多忙になった。八月上旬には、「一人前の男として世に出て以来一度も、今ほど世間の事情にうとくなったこともないだろう。新聞やそれに類したものは、なにも読んでないし、ニュースを問い合わせたことも、議会がなにをしているか、物ごとがどんな具合いに運んでいるか、たずねたこともない」(八月一〇日)と述懐している。約二〇年後に、下院議員や特別委員会を相手に悪戦苦闘、ときにはその弁舌で称賛された人物のことばとも思えぬ話である。

彼は政治や世間の動きに敏感な好奇心の人だったが、海軍事務局入りをしてからは、世間の噂ばかりでなく、海軍官僚として必要な知識の集積に努め、役所、海軍工廠の人びと、出入りの商人との交渉や宮廷の動向にも注意を払わねばならない。賢明な彼は書記官に就任するとすぐ学習をはじめた。工廠の業務と人事管理、数学や簿記なども学習の分野に入ってきた。役得の在りかも大事である。そこで彼の驚くべき好奇心と勤勉という性質が大いに役立った。彼の自己研修の特色は、それを重荷とは考えず、楽しみに変えるところにある。変えるというより、学習がすなわち彼の楽しみ、という仕合わせである。殿様の下で海軍運営術のほんの一端を垣間見た彼は、本格的な学習へと進んでいった。

一例を挙げると、一六六〇年十一月に、彼は役所の同僚たちと船の競売を見学に行った。不要になった船舶を払い下げるときに必要なのは競売の知識で、それを現場で学ぼうというのである。

そこでわれわれみんないっしょに集まって、二隻の船を一インチ蠟燭で競売(この種のことを見たのは、はじめてだった)。みんながお互い相手を誘っておいて、最後になるとわめき合うのだ。最後にせり値をつけたのがだれか、見分けるのに大苦労だった。船はインディアン号、落札価格は一三〇〇ポンド、および、ハーフ・ムーン号、落札価格は八三〇ポンドだった。

　帰宅し、国王処刑のゆえに最近絞首刑になった者たちの裁判記録を読みはじめる。読みごたえのあるものだ。（第一巻、二九二頁）

ピープスが見たのは、蠟燭が消える直前に最高値をつけた者がせり落とすという方式である。彼は一六六二年九月三日にも廃船三隻の競売の現場に出かけた。

　連中は最初はせるのを尻ごみしていて、蠟燭が消えかかると、わめき出し、あとでだれが一番最初にせったかといい争うのは、見ていて楽しいことだった。

　ここで気がついたのだが、一人の男はほかの連中より巧妙で、かならず最後にせって落とすのだ。それでわけをたずねてみると、こういっていた。炎が消えるちょうどそのときに、煙は下へ下がるのだ、と。これはこれまで気のつかなかったことだ。これによって彼は最後のせり値をいうべき瞬間がわかるのだ——これはたいへん気のきいたことである。（第三巻、二一〇頁）

蠟燭の煙の上がり下がりなど瑣末といえば瑣末だが、解き明かしてもらえば面白く、ピープスにとっては無上の楽しみである。蠟燭の煙の微妙な動きを見定める秘訣をこの商人がピープスに教えてくれたのは不思議である。相手が海軍幹部と知って断れなかったのか、つい教えてやりたくなる雰囲気がピープスにあったためか。この好奇心が彼を実務に役立つ知識へと促したのである。

そのようなピープスにとって、当時の海軍御用達の材木商サー・ウィリアム・ウォーレンは当人に海軍資材売り込みの思惑があったとしても、若い書記官のよき教師になった。彼はピープスよりほぼ一〇歳年上、ロンドンでは有数の材木商で、国内産のみならず、バルト海沿岸産の材木その他を手広く扱っていた。船舶用木材の専門家として海軍幹部との交際も深く、シティの有力者としてナイトの位を授けられた。最初ピープスは機会があればウォーレンをつかまえて材木や船舶の実務を教えてもらっていた。一六六二年六月二十三日のこと、

そして夕方サー・W・ウォーレンが用事でたずねてきた。それが終わってから、松板の話になって、彼の松板運搬船を見につれていってくれと頼み、一〇隻ほど見せてもら

った。そこで彼は、ドラム、スウィンサウンド、クリスチアナ、その他の（松板の品種の）違いを教えてくれて、それを水力鋸で切ったり、挽いたりする方法や、松板の値が上がったり下がったりする理由について、いろいろ楽しい知識を与えてくれた。一つには、雪が谷を埋めるほど深くなくって、丘から丘へ雪の上を運ぶことができないと、運賃が高くつくのだ。船の次には木材置場につれていってくれた。ここには松板、円材、角材、甲板天幕用桁材が、いくつも大きな山に積んであった――こういうものの区別はこれまでちっとも知らなかったことだ。そしてほんとに今日の仕事はまったく自慢できる。彼はわたしを家へつれていった。たいへんきれいで、スマートで、しつらえもいい。一杯――といってもワインではない――ワインはわたしは誘われても飲まないから――そうではなくて、ドイツ・ビールを一杯やったあと、わたしは水路、無事家に帰った。

（第三巻、一三六―三七頁）

話題が松板や材木になったところで、ピープスはウォーレンに頼み込んで松板運搬船を見学し、スカンジナビア産の積み出し港（ドラム、スウィンサウンド、クリスチアナ）による品種の違いや製材技術の説明をしてもらった。彼は殿様のバルト海遠征に随行しているから、北欧を垣間見ている。北国の銀世界と材木を運搬するソリの光景を思い浮かべながら講義に聴き入る姿をわれわれも想像することができる。ピープスを現場に案内して材木の知識を教授したうえに、私宅にまで招いて接待したウォーレンには、若くてのみ込みの早い書記官を我が手に囲い込んでおくという思惑はあったに違いないが、一時は両人のあいだに本物の友情らしいものが生まれた。

それから一週間あまりのち、七月四日にもピープスは学習に精を出した。「精を出す決心なのだ。日々それが自分にとってどれだけ得になるか、わかっているのだから」（七月四日）と書いたピープスは、午前に役所にきたロイアル・チャールズ号の航海士クーパーをつかまえて、かねての望みだった数学のレッスンをはじめた。海軍との契約で莫大な利益を手にするウォーレンの場合と違い、ピープスは一航海士のクーパーには謝礼を払い、部下だから少額で済むので助かる、と本音を記した。この日の午後にもウォーレンが役所に顔を出す。

そのころにサー・W・ウォーレンが用談にきて、樅の丸太と板の性質をあらゆる種類のものにわたって教えてくれた。そのことから話はサー・W・バッテンの腐敗ぶり、彼が手先にしている人たちのことになり、その種の話が次つぎと出た。彼の話はとてもおもしろく、二人だけで午後の四時まで、一日中飲み食いもせず、わたしの事務室で話しこんでしまった。（第三巻、一五〇頁）

海軍弁務官のサー・W・バッテンはウィリアム・ウッドという材木業者と組み、ピープスとウォーレンに対立していたので、この午後にピープスとウォーレンは散々バッテンの悪口を言って溜飲を下げたようだ。ピープスとウォーレンの関係は年とともに親密になり、材木や船舶を海軍に納入するとき、ウォーレンがピープスにしばしば食事や金品を提供した。淡々と記すピープスの書きぶりを見れば、この種の取引が日常茶飯事だったことがわかる。『日記』には出てこない利得のほうが多かっただろう。たとえば、翌一六六三年の二月一〇日に次の文章がある。

今夜サー・W・ウォーレン自身が戸口までできて、手紙と箱をおいて、帰っていった。手紙にはわたしと妻に手袋を一つ進呈すると書いてある。しかし箱を開けてみると、わたしの手にはめる白無地の手袋一対と、みごとな銀の大皿と杯があって、それにはわたしの紋章がちゃんと彫りこんであった。おそらく十八ポンドはするだろう――たいそう立派な贈りものだ。これまでもらった中で最高だ。（第四巻、五七頁）

契約の実績を積むにつれて、ピープスは次第に大胆になり、上司の弁務官を無視することもあった。同じ年の八月上旬にピープスは取引所でウォーレンに会って、コーヒー店で契約書を作成した。九月一〇日の記事から、読者はこれが「三〇〇〇ポンド分のマスト材の大契約」であると知る。彼は役所で正式契約書を作成した。

この件は全部、最初から最後までわたしが役所の外でやったことだが、ただ一度みなに読み聞かせただけで、品物の質、価格、数量、必要度のいずれについても、一切関心も相談もなし、ただ一般的に備蓄をするのはよいことだというだけで、署名が得られたのだ。しかし、わたしの苦労もたいへんなものだったから、国王には、ここ二十七年間でこの役所で買った最上のマスト材購入をして差し上げられたものと思っている。（第四巻、三七一頁）

これは乱暴な話で、三〇歳の書記官としては傲慢極まる態度だが、就任三年目でこのような実力を獲得していた、あるいは獲得したとの自信が彼にはあった。彼はさし当たって必要のない資材を買い入れたのである。そして記事の結びには、「国王には、ここ二十七年間でこの役所で買った最上のマスト材購入をして差し上げられたものと思っている」とまで述べた。「国王陛下のおん為に」、というつものピープスの言い分だが、臨時収入はちゃんと確保した上でのことである。

その間にウォーレンからの金品の贈与は次第に大きくなった。一六六四年二月二日には以下の記事がある。

それからまた取引所へ。そしてサー・W・ウォーレンといっしょに「太陽《サン》」亭へ。長い間話をし、いろいろいい助言、示唆を得た。中でも彼は妻のためにといって、紙につつんだ手袋一対をくれた。手ざわりが固かったので、それを開けはせず、妻はありがたく思うだろうと答えて、話をつづけた。家に帰ったとき、わたしは妻にそうとはいわずに部屋を出てゆかせるのに、どれだけ苦労したことか。この手袋の中味が見たかったのだ。やがて彼女が出ていったので、開けてみると、妻のために白手袋一対と上等の金貨四〇枚が入っていた。心がわくわくして、昼食の食べものものどを通らなかった。神がいかに日々ますますわれわれに祝福を与えたもうかを考えると、うれしくてたまらない——そしてわたしのつとめがふえ、努力が増すにつれ、神の祝福はさらにいやますものと思う。妻にこのことを話すべきかどうか、まったく迷ってしまった。いわずにはおれないのだが、我慢をした。その前によく考えようと思う。実際以上にいい身の上だとか、お金が手に入りやすいのだとか、妻に思わせてはならないから。（第五巻、五四頁）

よい官舎に入居できそうな話が出たとき、役所の外で馬車の中に待たせた妻を即刻それを見せにつれてゆく、というピープスだから、大金を手にしてさぞかし妻に見せ、ともに喜びたい気もあっただろう。しかし、そこはぐっとこらえて、自分の自由になる金を懐にし、生活が贅沢になるのを抑えるだけの思慮を失わなかった。それから間もなく、ウォーレンは海軍と桁外れの大きな契約を結ぶことに成功した。

一六六三年九月中旬にピープスは郷里のブランプトンに帰り、父や親戚に会い、殿様サニッジ伯爵のお屋敷にご機嫌伺いに出向いた。この留守中を狙ったようにサー・ウィリアム・バッテン弁務官がマスト材契約をめぐるピープス書記官の独断に非難の声をあげた。ロンドンに戻ってこの話を聞いたピープスは、議論すれば勝つに決まっているが、癪に障る、あいつめ、と書いた。彼の不在中に弁務官たちがピープス問責の相談をしていたらしい。一〇月六日に異例の全員出席の会議が開催された。その上に、工廠の造船技師のクリストファー・ペットと技師のアントニー・ディーンが参考人としてわざわざ呼ばれている。会議は一、二件の予算の審議からはじまったが、次第にとげとげしい雰囲気になり、やがて材木契約の議題に移った。

ウォーレンが納入する予定の肘材《ちゅうざい》という特殊な材木の品質については、ペットがすでに品質不良と報告していたように専門家の評価はあまり芳しくないが、ピープスは、契約では海軍の士官のめがねにかなうものしか納入しないことになっているのだから、「もし不良品があれば、それを受け取った士官が咎められねばならない」と記している（第四巻、三九六頁）。彼がそう思っただけなのか、それとも席上で実際にそう言って反論したのか、そこははっきりしない。続いて、ウォーレンの納める他の資材、つまりマスト材のことが話題になり、ペットはマスト材についても品質が劣るといい、ウォーレンとの契約書への疑惑を表明する。会議でのペットの役割がここではっきりしてきた。彼はピープス非難のために工廠現場から呼ばれた証人である。こうなるとピープスも黙ってはいられない。「わたしはこれこそこの役所で作られた、もっとも慎重にして確実な契約書である」、と真っ向から反論した。そのあと、ウィンターという材木業者が納入した国内産材木をミンズ弁務官がウォーレンのものに劣らぬ、と推奨したが、今度はピープスが言い返す。

そうじゃない、あんたとサー・W・バッテンは二人ともだまされているのだ、必要とあらば、それがこの半年間で一番高くついた買い物だったことを証明してみせる、といった――このため、彼らとわたしの間で激しいやりとりが起こったが、わたしはそれを証明できるし、またしてみせるのだ。これもまたこうしてけりがつき、ほかの件に移っていった。(第四巻、三九七頁)

ピープスは「けりがついた」というが、これでは気持ちが収まらない。会議のあと、弁務官で海軍会計官のサー・G・カーテレットをつかまえ、わたしには誰の褒めことばも保証も要らぬ、マスト材契約の公正さを一人で証明してみせる、と宣言した。そうしてもらおうか、との相手の答えに、売り言葉に買い言葉となり、ピープスは「そのとおりである」と発言してこの日は終わった。その晩に、過労とストレスのときに決まって起こる排尿障害で痛みが激しく、結石の手術をしたあのホリアー医師が処方する錠剤を二粒飲んで寝た。

会計官のカーテレットにちゃんと説明すると宣言した手前、また、この契約では「国王のために、きっと六〇〇ポンドは節約になったと思う」（第四巻、四五八―九頁）と言い張るピープスは、カーテレットにこの件で詳細な手紙を書いた。それが十一月十三日に書き上げた「厄介な」手紙である。それでも満足せずに、十四日の夜十二時までかかってふたたび「書き上げ」、翌十五日に清書して発送した。一〇月六日に全員の前で批判されたのがよほど癪に障ったのであろうか、この手紙は相当の時間をかけ、推敲を重ねた形跡がある。

こうしてピープスは痛い経験をしたが、ウォーレンとの親密さは続き、同様な契約を重ね、金銭や物品の贈与が続いた。それがあとに記すブルック館委員会による会計監査事件へと導く。だが、さきに述べたようにウォーレンからピープスはさまざまなことを学習した。その実例をもうひとつ挙げて、ウォーレンについては一応のけりをつけることにしよう。

あの「厄介な手紙」を片付けてから間もない十一月二十五日のこと、役所に来たウォーレンに対し、「船底抵当貸借《ボトムリー》」（Bottomry）などに関して教えてもらいたいとピープスのほうから切り出した。船底抵当貸借とは「冒険貸借」とも呼ばれ、船主ないし船長が船を担保として融資を受けることである。担保となる船が積み荷とともに無事帰港すれば、貸し手は貸金と利息を受け取ることができるが、船がもし航海中に沈没すれば、貸し手の丸損になる。利率は高いが、リスクは極めて大きい。ウォーレンはのちに海上保険へと発展するこの方式について説明し、そのほか船の一部に投資する方法とそのリスクについても教え、ピープスは「素晴らしい講義」だった、と記す。

それから五日後の十一月三〇日に、いつものように取引所からコーヒー・ハウスに立ち寄ったピープスは、ふたたび船底抵当貸借について耳よりの話を聞いた。ある船長がこの貸借形式を利用して詐欺を企て、失敗して捕まった、というのである。船長が船底抵当で二倍の金を借り、船と船荷にも保険をかけておいて、フランス海岸でその船を漂流させ、放置したところ、フランス側が船を発見して送り返してきた。船と船荷は五〇〇ポンドの値打もないのに、船長は三〇〇〇ポンドも手に入れた。しかもこの事件が訴訟になり、翌十二月一日にシティのギルドホールで裁判にかけられる、という。これはピープスには、学習のみならず、好奇心を満足させる願ってもない機会である。

ピープスは裁判の内容を詳しく日記に記した。船長が乗組員らに口封じの金を渡し、船を暗礁に乗り上げたまま放置したことが判明した。そのうえにさまざまの細工をほどこして証拠隠滅を図ったり、フランス人証人が通訳に注文をつけたり、波乱があってピープスは大いにこの裁判を楽しんだ。これ以外の訴訟の審理も聞き、弁論の手続きも見た。今後も開廷のおりにはなるべく傍聴するよう心がけよう、という気になったのである。

ウォーレンに素晴らしい講義を聴き、続いてコーヒー・ハウスでその実例となる事件の情報を集め、最後に法廷の審理の詳細を傍聴する、という三段階のカリキュラムは願ってもない海軍書記官研修のようで、のちに海軍を代表して複数の特別委員会や法廷できびしい訊問を受け、追及される場面に立つピープスには大いに役立った。

さきに述べたように、王政復古の年の一月のピープスは大蔵官僚ダウニング配下の若輩であった。ダウニングは大蔵省出納役長で、駐オランダ大使を兼任した高官だが、ピープスは彼の事務見習い、使い走りだった。本人も認めるとおり、「その勤め口たるや、現在いささか危なっかしい」という程度のものである。その彼が親戚の殿様サニッジ伯爵、エドワード・モンタギュの縁故で働くうち、海軍事務局で重宝され、機転と能力を認められて海軍書記官にたった一年ばかりの勤務経歴で出世してしまったのである。そこには情実や縁故、運ばかりではなく、並々ならぬ努力と学習があった。その彼にはやがて国家の存立に関わる仕事が待っていた。

海軍事務局、いや英国の最大の敵はオランダ海軍で、彼らと渡り合い、撃滅し、制圧することが国家目標である。宿敵オランダとの海戦に備えて軍艦を建造、整備し、戦闘員を確保するのが事務方の責任となる。オランダ海軍の妨害を排除し、東洋、アフリカ、アメリカとの貿易航路の安全を確保する事務担当者、後方支援の責任が彼の双肩にかかってきた。そのピープスが一方では「オランダに学べ」、という姿勢を貫いたのは注目すべきことで、幕末の日本人の蘭学に対する熱心さに通じるところがある。医学、天文学、航海術、造船術、博物学、などの自然科学の先進国オランダに学ぶ英国人も多かったが、ピープスが特に興味を持ったことの一つは会計帳簿である。公私の組織の会計帳簿を整備し、管理運営の基本にするのがオランダの国民性である、という認識が英国人、とくにロンドンの商業・金融の中心であるシティ地区に共有されるのは十八世紀のはじめである。十八世紀初頭にアディソンとスティール両人が刊行して人気を得た英国の論説新聞『ザ・スペクテイター』は、オランダでは、「彼は正確な帳簿作成を怠った」(He has not kept true Accompts)といえば、それは「彼は破産した」と同義で、「帳簿で収支のバランスを安定させ、支出には特に注意する」オランダ人を見倣え、と勧めている。古い家柄を誇る地主でも、いつも数字に気を配り、管理人が作成する会計帳簿をしっかり監査せよ、管理人まかせにすることなかれ。さもないと狡猾な管理人に土地財産をそっくり奪われるぞ、と同紙は警告する。もともとピープスは書類・会計を記録し、索引を作ることを愉しむ人で、数字、計算を重視するオランダびいきである。はじめに述べたように、「海軍書記官」(Clerk of the Acts) とは本来は書類・記録の作成者、管理者を意味し、'Acts' は各種書類を意味する。ピープスの性格はこの地位にぴったり適合していた。正式の辞令を待たずに海軍事務局に入り込み、まず最初にしたのは、正式の資格もなしに役所の書類の整理をはじめたことである。「海軍事務局へ。そこで役所の書類、物品、帳簿の目録を作りはじめる」(一六六〇年七月七日)。

サニッジ伯爵のお供をして事務局の様子はある程度知っていたし、国王出迎えの艦隊業務をこなして実質はすでに海軍事務官ではあるが、辞令交付の日まで待てなかった。というのは、事務局の書類・帳簿管理がいい加減であることを彼は見抜いていたからである。適当に手を抜いて楽をする職員がいた、というより局全体がたるんでいたようである。この管理能力不足は、ピープスの努力だけでは補えず、やがて下院特別委員会で手ひどい批判を受けることになる。書類・帳簿・目録好きのピープスにはこの弛みを我慢できなかったのである。

『日記』には、書類整備、索引作成の記事がよく出る。たとえば、一六六二年の六月には部下と一緒に出入り商人との契約書の索引をこしらえた。納入物品の値段を一覧表で調べ、値引きをさせ、不正を防止するという実益はあったにちがいないが、索引のための索引作成という彼自身の好みも反映している。九月に入って、部下のルイスからパーサーの仕事について学んだ（九月十二日）。一六六二年八月二十九日には次のような記事がある。艦船の事務を取り仕切るパーサーの業務は複雑であった。

各種各様のことがまじっているけれども、そのうち頭の中にたたきこんで、この点でもお役に立てるようになれるだろうと思う。疲れて冷えこみ、マラリア熱の起こりそうな心配もあったので、帰宅して、就寝。（第三巻、二〇五頁）

艦船のパーサーは操船と戦闘以外の業務すべてを所管する事務長職であるが、『日記』で見る限り、糧食、ビール、衣服などの生活必需品の調達と積み込み、管理がその主な任務で、出入り商人との折衝、契約書作成と会計管理にも従事する。パーサー本人が乗組員に糧食や衣類を売ることもあって、余得の多い仕事である。水兵服等の販売は艦長監視のもとメインマスト下で毎週行われ、艦長とパーサー間で話し合いがついていて、士官が見て見ぬふりをすることにピープスは気付いた。会計帳簿趣味を満足させる仕事として、パーサー業務こそまさに彼のためにある仕事、得意の課目といえるだろう。そして、パーサー学の学習はやがて彼に新たに大きな利権と地位を呼び込むことになった。彼の場合、学習意欲と利権はしっかり結びついている。それはあとの話だが、彼がそこまで先を読んでパーサー学の勉強に励んだかどうかはわからない。目ざといピープスは糧食調達と積み込みに大問題があることを見て取り、いつの日にかその業務に割り込みたいという気になっていた。やがて彼は、自国の敗戦という好機をとらえ、既得権者を押しのけて糧食調達で最高に近い有利な地位を獲得するのである。

これまでピープスは軍艦建造のための材木知識の収集に熱心で、その先生は出入り業者のサー・ウィリアム・ウォーレンだったが、彼と並んで造船技師のサー・アントニー・ディーンという大事な情報源も持っていた。たとえば、一六六三年六月六日にピープスはある教会で彼と落ち合い、そこからブラックベリーという人の所有する材木置き場に行っていわば実地研修を受けた。そのあと飲み屋に行って懇切丁寧な講義も聴いて大きな自信を得た。このときは単なる知識ではなく、数字をともなう計量術も学んだのである。

これらすべての場所で、木材計量術の練習をし、腕を上げたので、今では楽々と、間違いなしにやれる。じつに楽しいことだ。（第四巻、二一八頁）

ピープスにとって、現場でモノを手にとって学ぶのは「じつに楽しいこと」である。サー・アントニー・ディーンは後日ある政界大陰謀事件でピープスと苦難を共にすることになる大事な人であるが、同じ六月六日にピープスはもうひとり、注目すべき人物に出会った。それはサー・ジョン・ヘブデンである。

ヘブデンは英国人の貿易商で、この頃はロシア政府の代理人、御用商人として、英国とオランダを担当し、ロシア産物資のセールスのため両国に頻繁に出入りし、今回はロシア北部、アルハンゲリスク産の麻の売り込みのため六月にロンドンに来ていた。『日記』では、ロシア政府代表三名も前年十一月にロンドンを訪問して大歓迎を受け、迎賓館ヨークハウスに宿泊中で、長い滞在のあと帰国準備をしている、という時期である。英露両国は共和制時代に衰退していた両国の貿易の復活を図っていた。今回の輸入交渉はその一環で、ロシア産の麻は海軍の重要物資であるからピープスも参画し、ロシアと買い入れ契約を取り交わすところまで来ている。ロシア使節団の帰国はそれと連動しているらしいが、交渉の過程で彼はヘブデンとの親交を深めた。ヘブデンはロシア政府のためにオランダ海軍にも資材を売り込んでいたから、ピープスの敵を強化する役目も果たしてはいる。そのヘブデンが対オランダ戦争に備えるピープスにオランダ海軍の情報を提供する、という奇妙な関係が出来ている。

ヘブデンがピープスに言うに、英国の宮廷貴族、官僚は国家を忘れて私益に熱中していて、本気で仕事をしているのは財務長官のアシュレー卿のみだ、と。アシュレー卿とは、アントニー・アシュリー・クーパーのことで、一六七二年に爵位を得て一六八〇年前後のカトリック陰謀事件の黒幕とされるシャフツベリー伯爵その人で、ピープスは伯爵のおかげでこの陰謀事件に巻き込まれ、別件でも大迷惑をこうむることになる。当時の政治諷刺文学などで陰謀政治家として憎まれることはあっても褒められることのないこの人が、ひとり国王を護る有能な宮廷官僚としてピープスの『日記』に登場するのはまことに意外である。

さて、アシュリー卿と比べてだらしないのは国王チャールズ二世陛下だ、とヘブデンは続ける。国王はシティの金融業者、当時の用語では金細工師《ゴールドスミス》、との交渉で、彼らに自分の財布を預けたようなもので、彼らの言いなりになっている、とヘブデンはこき下ろす。要するに、国王陛下は財務・会計書類に無知、無関心だから、国庫の金を浪費し、ずる賢い者どもに吸い取られている、というのである。国王本人が財政等の細部に疎いのは仕方ないが、まわりがよくない。ある人の回想録に、「廷臣はねだり、シティ豪商は買いあさり、国王は裸にされた」とある。また、「ねだって得たものは身につかなかった」とも書かれている。国王の補佐役たちがみな無能で、頼れるのはアシュレー卿のみ、とヘブデンは見ている。アシュレー卿の評価について、ピープスはヘブデンに大賛成だったにちがいない。というのは、そのおよそ一〇日前にピープス自身がペット弁務官とともにアシュレー卿と協議しており、『日記』にこう記しているからである。

それからペットといっしょに財務長官アシュレー卿のところへいって、そこで会計監査官たちに会い、国王のご治世以前に海軍から未払いになっている勘定のある人の会計報告の件、そして未払い金のうち、多寡を問わず、彼らが受け取った前払い金の精算について、話をした。卿は噂にたがわず、たいへんてきぱきとした、頭のよく働く、勤勉な人だった。（第四巻、一九八頁）

数字と会計書類をよく理解し、「決断も早く勤勉」（ready, quick and diligent）というのはピープスがもっとも高く評価する資質で、共和制時代の損害賠償、未払い金問題という新政府にとって厄介で長引く大問題を素早く理解し、処理する人物にピープスは感心している。いまの両人はこのような間柄で、後年のトラブルは想像もできない。ふたたびヘブデンの話に戻ると、彼はオランダ共和国の軍需品管理がいかに厳格かつ秩序をもって実行されているか、をピープスに詳しく語った。彼はかの国の事情、特に海軍について熟知している。彼の話を聴いたピープスは、「どうにか調べられるものなら、もう少し調べてみるよう努力しよう」、と思った。もともとオランダ的会計感覚を持つピープスは、ヘブデンの意見に大賛成であった。

「数字と計算」といえば、ピープスはちょうどこの年の春から夏にかけて「計算尺」に熱中していた。一六六三年春に数学器具製作を業とするジョン・ブラウンという人を訪ね、ホワイト式計算尺《ルーラー》（White's ruler）を買おうとしたが、値段で折り合わず、断念した（三月二十四日）。ところが、『日記』記事から推測すると、翌日午前にふたたびブラウンを訪ね、計算尺と、ブラウン著の計算尺の用法のマニュアルを買ったらしい。この器具は対数目盛入りで、材木の体積などを算出するのに便利である。珍しいものを手に入れて、この日は一日中、晩まで実物とマニュアルに熱中していた。六月十一日も、午前中ずっと計算尺を相手に費やし、上達ぶりにいたく満足した。八月三日にチャタム軍港付属のロープ工場を視察に行ったとき、「材木計量係に材木を量らせてみたが、いろいろ間違いが見つかった。それも当然である。それでわれわれはこれを内々ですますことをせず、これから先は注意するよう訓戒を与えた」。ピープス書記官は新兵器の計算尺を隠し持っていて、現場の工員を上回る知識を披露して得意になった。

それから四日後の八月七日にも、出勤するとすぐにブラウンの家に行き、かねて注文していた新型の計算尺を入手した。これはピープス本人がデザインしてブラウンに作らせた携帯型、最高の出来で、「いわば、この型のものの発明者という名誉をもっている」とまで自慢している。こういう文明の利器を振り回されては現場の技師や工員は辟易しただろう。翌日も興奮は納まらず、「あらゆる点で文句なし。これ以上のものは手に入らないと確信しているし、これはわたしの誂えなのだから、これほどこの目的にかなうものは、ほかの人の手には入らない」と昂然としていた。ピープス式計算尺は現代の最新型コンピュータに相当し、彼の興奮ぶりもよく分かる。

オランダを学んでみよう、とピープスはいうが、彼の本性のなかにすでにオランダ的思考がある。この頃から一六七〇年代にかけての政界では、英国とオランダの関係を古代ローマとカルタゴの関係に譬え、反オランダ意識が高まった。三次にわたる英蘭戦争はローマ・カルタゴ間のポエニ戦争の三段階に結びつけられ、反オランダの空気が高まった。「カルタゴを撃滅せよ」と一六七三年の議会で大演説したのは他ならぬアシュリー卿、いまはシャフツベリー伯爵だった。一方では親オランダ意識も底流としてたしかに存在し、十八世紀に入るとロンドンのシティにかなりの影響力を持つようになった。そもそも記録作成を愉しむ性格があってこそ、ピープスの『日記』が成立したのである。こうして、親オランダ・反オランダの入り組んだ関係をピープスの言動に読むことができる。やがて英・蘭艦隊のニアミスだけでは収まらず、海戦がはじまった。

6　英蘭海戦と敗戦処理

一六六四年後半になると、いよいよ英国とオランダ両艦隊の対決の気配が濃くなり、ピープスは海軍強化のための予算獲得に奮闘し、僅かではあるが成果をあげた。翌年の五月、ヨーク公爵を総司令官とする艦隊はオランダ沖に向けて出港し、索敵行動をするが、五月十五日には、戦果なしで英仏海峡に面するハリッジ軍港に空しく帰港した。軍艦の糧食が枯渇して引き揚げてきた、というのが実情のようで、糧食問題は海軍のアキレス腱である。『日記』五月十七日にピープスは、「ヨーク公夫人も昨日公爵を出迎えに行った」、と素っ気なく彼女のハリッジ行きを記した。これから述べるようなたぐいの話に聞き耳を立てるピープスだが、『日記』はその後のことについては沈黙している。ところが、アンドルー・マーヴェル作とされる反政府政治諷刺詩「画家への第二の助言」（*The Second Advice to a*

Painter, 一六六六）では、公爵夫人を先頭に宮廷貴婦人の一行がロンドン宮廷からハリッジに駆けつけたことを面白おかしく愚弄している。このあたりを読むと、ピープスが『日記』に書かなかったことが、詩人で下院議員のマーヴェルの辛辣で面白い筆で独自の物語になっている。

「画家への第二の助言」では、貴婦人たちは、普段は陸上に棲息し、繁殖期になると大挙して海浜に押し寄せる陸生カニ《ランド・クラブ》さながら、ロンドンの宮廷からハリッジの浜辺に大挙して押しかけ、自然と本能のままに繁殖の役目を立派に果たした、という。美女たちと陸生カニの奇怪な面相を思えばますます滑稽な諷刺になる。そしてマーヴェルの詩的ナラティヴでは、公爵夫人は夫が乗る旗艦の幹部三名に、来るべき海戦では夫公爵の身の安全に充分に配慮してほしいと懇願する。妻のそのさまを見た公爵は苦笑いして、あの三人とは別の者に我が命を託すことにしよう、と言う。マーヴェルの詩では、これら三人が臆病者で、自分の安全だけで精一杯、司令官の命まで気を配る余裕はない。それぞれ我が身の延命策を出撃前から工夫しているとした上で、彼らそれぞれの臆病を語るエピソードにふれながらウイットに富む人物描写をマーヴェルは試みた。三人の「臆病者」は海軍書記官ピープスが事務局で日頃つきあう高官で、『日記』に見られる独特の人物評価を、マーヴェルのそれと併せ読むとますます愉しむことができる。ピープスが『日記』で三人の性格を折にふれて語っていて、彼の記述が意外に広範囲な書き物と絡み合っていることがわかる。

海軍出撃の準備、旧いことばでいうと「出師準備《すいしじゅんび》」を忘れ、司令官や幹部級が美女と戯れている最中にオランダ艦隊が海峡に現れたので、味方の糧食積載その他の戦備が間に合わなかった、というのが「画家への第二の助言」の筋書き《ナラティヴ》である。他方で政府側に立つ詩人は、勇敢にも「糧食半載」で出撃、という話をこしらえた。英仏海峡に面する町ローストフトの沖合で一六六五年六月三日に始まった海戦は「ローストフトの戦い」として知られる。双方が放つ艦砲の砲声がロンドンにまで達した、とピープスは書いた。ピープスは開戦前にかき集めた糧食をハリッジ港まで運ぶ運搬船と乗組員の手配に躍起となっていたが、糧食も思うように獲得できず、風向きも悪くなってますます不本意な結果に終わった。海軍書記官として、糧食獲得・輸送に失敗したら「この役所が蒙る非難、身に蒙って当然の恥辱」(五月二十二日)などを気にしているうちに開戦となり、今度はヨーク公爵をはじめ幹部の安否を気遣うことになった。開戦五日後の六月八日に戦闘詳報がようやくロンドンに届いた。この日の『日記』に「オランダ軍に対する勝利。一六六五年六月三日」と見出しをつけた詳しい記事がある。彼が最初に気にしたのは総司令官はじめ幹部の安否である。

ファルマス伯、マスケリー卿、そしてリチャード・ボイル氏は、公爵の搭乗艦ロイアル・チャールズ号上で、ただ一発の砲弾で戦死。彼らの血と脳髄が公爵の顔に飛び散った――そしてボイル氏の頭は、噂では、公爵にぶつかった由。(第六巻、一六二頁)

当時の砲弾にはチェーン・ショット、すなわち二個の鉄の玉を鎖で繋いだものがあり、飛来して乗組員を殺傷しなぎ倒す。着弾して爆発する砲弾だったならば、公爵も同時に戦死していただろう。彼が戦死していたら、王位継承問題を中心に十七世紀後半の英国史は大幅に変わっていただろう。ボイル氏の頭部が鎖で切断されて公爵にぶつかっただけではなく、彼を打ち倒した、とも読める書きぶりで、甲板上の凄惨さがうかがわれる。貴族出の艦長や幹部は役立たず、というが、実はこういう犠牲もあったのである。

オランダ側では「オプダム提督は爆発で吹っ飛んだ」ほか、上級士官の戦死者も多い。敵艦約二十四隻を捕獲ないし撃沈して、「開闢以来の大勝利だ。敵はみな逃げた」とピープスは興奮し、「われわれは残りを追撃中である」とも記し、六月二〇日は戦勝感謝日とされた。これで糧食搭載の不首尾は忘れてもらい、助かったと思ったその矢先に、ピープスや海軍事務局を長きにわたって苦しめる情況が生じつつあった。しばしば登場する詩人ジョン・ドライデンの『劇詩論』（*An Essay of Dramatic Poesy*, 一六六七）は、遙か離れた海峡から聞こえる砲声を聞きながら、四人の知識人がテムズ河に小舟を出し、やがて当代の演劇を語り合う、というふうにはじまるが、状況は優雅な対話と裏腹の展開を見せていた。

戦争でよく聞く話だが、英国とオランダはそれぞれ自国が勝った、と宣伝していた。政府びいきの詩人エドマンド・ウォラーは、勢いに乗った英国軍がオランダ本土のロッテルダムやアムステルダムに上陸作戦をおこなう、との噂がオランダ国内に広まり、パニックが生じた、と書くが、オランダはオランダで戦勝祝いをしていたという。敵艦隊は逃走中、我が艦隊は追跡中、というピープスの認識もだいぶ狂っていたことがやがて判明した。

この事件の責任追及が戦争直後から始まっていて、二年半後の一六六七年秋には改めて蒸し返されて、海軍とピープスを窮地に追い込むことになる。英国側が逃亡するオランダ艦隊の追撃を途中で中止し転進したのが、下院で「失態」と判定されたのである。軍艦の「帆を緩める」（To slacken sail）、つまり減速、反転帰投せよ、との命令はいったい誰が出したのか、が大問題になり、その責任が「縮帆問題」として追及されたのである。この事件は大きな政局と関係しているようで、あとで改めて言及しよう。

ピープスが戦闘詳報を得たのは六月八日だが、一〇日に彼は別の大事件、疫病ペストがシティに入ってきたことを聞いた。親しい友人たちが住むフェンチャーチ通りから発生した、とも聞いて心配でたまらず、自分が神に召されたら財産をどう整理するか、ということまで考えた。一七二二年出版のダニエル・デフォーの有名な『疫病流行記』は一六六五年の疫病の回想記のかたちを取る物語であるが、もともとの発生地は別として、この年のペストはオランダから、特にアムステルダム、ロッテルダムから流入した、と語り手は冒頭に書いている。海戦のほうは問題を残す曖昧な結末になったが、オランダの疫病はこの両都市からロンドン上陸作戦を行い、成功したといえる。感染を怖れたピープスは七月に妻をテムズ下流のウリッジに疎開させ、海軍事務局もグリニッジに移した。ロンドンに踏み止まっていた彼自身もやがてウリッジへ、さらにグリニッジへと居を移した。しかし、ウリッジやグリニッジも安全ではなく、河口に近いチャタム軍港や遠くポーツマス港への蔓延も懸念されていた。ところが、ローストフトの戦い、ペスト流行に続いてピープスには次の災難が迫っていた。

疫病による公私の混乱のなか、八月のはじめのこと、中立国ノルウェイ（当時はデンマークが支配していた）のベルゲン港の奥にオランダ東インド会社の貿易船団が碇泊している、との情報を海軍事務局が把握した。東インド貿易の商船は高価で多種多様の香料、香辛料等を積載していて、捕獲すれば莫大な利益になるので、英蘭は相手国の商船を捕えようとしのぎを削っていた。ベルゲン港口付近での海戦やロンドン大火を主題とする物語詩『驚異の年』（*Annus Mirabilis*, 一六六七）で、作者ジョン・ドライデンは、いかにオランダ船団がベルゲンのフィヨルドの奥深く潜んでいようとも、積荷の東洋の香りは港外にただよい出て、北国に時ならぬ春をもたらし、彼らの存在を感知した英国艦隊が一斉に襲いかかった、という話に脚色した。積荷の香料はオランダ人の夫が奥の間で大事に護る妻で、その妻を手に入れようと狙う浮気者が英国人だ、欺し欺される駆け引きがこのたびのベルゲンの戦いだった、とするのがドライデンのウイットである。政治諷刺文学では、妻を寝取ろうと攻撃をかける男、そうはさせじと防衛する夫、というような比喩を国家の大事でも平気で使う。現実のベルゲンの戦いでは英国側は、拙劣な外交で所期の目的を実現できず、いつもの糧食不足もあって、不名誉な撤退をした。海軍事務局一同がこの知らせに意気消沈しているところに、サニッジ殿様の艦隊が貴重な東洋の富を満載したオランダ商船二隻、その他を捕獲した、との吉報が役所に飛び込んだ。一六六五年九月一〇日のことである。

この日にはピープスの妻の父の具合が悪く、ペスト感染ではあるまいかと夫婦で心配していたところにもたらされた知らせである。巨額の収穫だというので、同僚にも知らせ、その晩には酒を飲んで昂揚した気分は二日酔いとともに翌日まで続いた。まさに事務局一同欣喜雀躍の様子であるが、捕獲船が増えたとも聞いて三日後にピープスは冷静になっていた。捕獲した船の数を確認するまでは、彼はじっと喜びを抑える。ぬか喜びを味わいたくないという気持ちもあろう。役所の帳簿に記載するには正確、かつ確認された数字が要る。彼の心はいつも抑制に向けて働く。その上に、ピープスは自分の心の働きを観察してこう記した。このとき彼はベルゲンの失態を償う戦利品獲得に思わず羽目を外したので、すぐに抑制機能が働いたのである。

この点、わたしの自制力がどんなものか、これほどはっきりわかったこともない。たしかな話を聞くまでは、それからいかなる種類の喜びを受けることも、わたし自身に許さなかったからである。（第六巻、二八九―九〇頁）

そうはいうものの、戦利品のことがどうしても気になる。戦利品の情報を得て一週間目の九月十七日、たまたまピープスは貿易商のコック船長の家でブラウンカー卿とその愛人の四人で夕食をしていた。そこに弁務官・海軍艦政本部担当のサー・ジョン・ミンズがテムズ河下流のグレイヴゼンドに碇泊中の艦隊から戻ってきた。落ち着きがなく、心ここにあらずという風情で、言うこともしどろもどろである。ミンズの慌てた様子、なかでも彼の「分捕品は時価どれくらいになるか」という問いから、ピープスが何か重大事態が生じたことを察知したようで、彼は即座に、われわれもグレイブゼンドに行こう、この潮を利用してすぐに出よう、と決心した。

急ぎ仕立てた船でテムズ河をくだり、一晩寝て翌一六六五年九月十八日の夜明けに碇泊中の艦隊に接近し、逆風に苦労し、手間取った末に旗艦プリンス号にやっと乗り込んだ。彼らはサニッジ殿様の寝込みを襲ったらしく、現れた殿様はまだガウン姿であった。ピープスがいかに焦っていたかを物語る。艦上でのもっともらしい会議のあと、数名が残って、戦利品処分、金銭の話し合いになった。当時の規則としては、捕獲した貿易船の積荷は、政府の戦利品処理委員会の審議に委ねるのが決まりになっている。しかし、その一部を艦長と幹部で分配し、処分することもまた慣例で、政府も黙認していた。船艙を開けて積荷に手をつけることを当時の用語で‘To break bulk’といい、『英米法辞典』（一九九一）では「ばら積み荷物窃盗」と説明しているが、要するに「船艙荒らし」である。サニッジ殿様麾下の艦長や士官たちは、帰港直後に殿様の判断でこれを実行し、あとの分配や処理を談合していたようである。獲物山分けの相談で、前の晩のピープスがミンズの唯ならぬ様子から感付いたのはこのような談合だったのではあるまいか。旗艦上での話し合いのあと、「この件については、ブラウンカー卿とわたしは今後一枚嚙むことになったのだ」、というが、この前後の事情についてわれわれも行間を読んでみる余地が大いにある。行きがかり上そうなったかのように「一枚嚙むことになった」というが、実はこちらから嚙みついた、と読める。ピープスらはそのためにこそテムズ河の潮目をいち早く見て、急遽碇泊地に駆けつけ、高波のなかをロープにつかまって乗り込んだのである。英語で'to save the tide'という表現がある。「チャンスを逃さず捕まえる」という意味である。食事を中断して碇泊地に赴くときピープスが発したことばは、「この潮で行こう」(to go this very tide)だった。

そのあとの相談内容は分かりにくい。メース、ナツメグ、シナモン、丁子《ちょうじ》や絹など多種多様な品物があって、各人は分け前の分量を買い入れ、仲買人らに売る、という方式があるようで、買い入れの資金を海軍会計官補が融資した、とまで書かれている。この前後のピープスの周辺にコック船長という名前がしばしば出現するが、彼は貿易商でこの方面に精通し、戦利品売買の仲介を行っていた。幹部の行動を見たにちがいない水兵たちも、僅かだが分け前を得る仕組みになっていて、'between-decks'(甲板直下のスペース)に積んだ荷の一部を与えられるのが慣例で、'to break bulk' のほうは船艙《ホールド》に積載された大量の積荷に手を出すことである。やがて水兵たちは分配された香料などを手にしてテムズ河沿岸の家々を訪ねて訪問販売し、ピープスもその売り買いの現場を見たことがあった。幹部の談合のときも、ピープスはこの取引で儲けが出るように、「どうか首尾よくいきますように」と願いつつ、そのあとに続けて、「二隻の東インド会社船はひどく掠奪が行われたらしい」と、この日の喜びが実は大掠奪によることをよく承知していた。オランダ東インド会社の船を捕獲したニュースを聞いてピープスが欣喜雀躍した、と書いたが、いわば盗品売買に参加して彼は二度目の喜びを味わい、シティの商品取引所ロイアル・イクスチェインジでも戦利品入荷で期待が高まる。

さらに付記すべきは、ピープスの喜びと同時進行で、ロンドンのシティ地区を中心にペスト大流行による死者が続々と出ていたことである。ピープスがプリンス号に乗り込んで会ったサニッジ殿様は、「ピープスよ、お前もこのペスト流行で死んだのではあるまいかと心配したぞ」、とピープスの顔を見てすぐに言ったほどである。ただしこの殿様のことばは、早耳と機転、得意の勘と、とっさの判断でさっそく戦利品の利益配分に割り込んできたピープスへの皮肉だ、と私は解する。いえいえ殿様、そう簡単に死ぬ私じゃありません、という主従の掛け合いに聞こえるのである。

戦利品の話し合いが済んで、その帰途にピープスは船酔いに苦しみ、翌朝やっとの思いで軍港と海軍工廠の町チャタム付近に上陸した。奇しくも約二年後にローストフトの海戦から立ち直ったオランダ海軍がこの地に侵入し、防衛する英国海軍は大敗北を喫し、ピープスも海軍責任者のひとりとして苦境に立つ、そういう因縁の港がチャタムである。

「船艙破り」には後日談がある。フィヨルドの奥から香料の香りが北海に漂い出た、というのは詩的ウイットに属するが、グレイヴゼンドで荷下ろしをすれば、芳香がテムズ河右岸のウリッジ、グリニッジを経てシティに入り、やがてウェストミンスターの政界周辺に拡がること確実で、この盗品の性質からしていずれ発覚する行為である。東インド会社から得る戦利品は厄介な品物で、芳香まで秘匿することは難しい。そのうちに宮廷と議会では、首謀者とされたサニッジ殿様に非難が集中し、国王から事後承認をもらったと殿様がピープスに語ったものの、秋には船艙破りを重罪に処する法案が提出された。この慣行は海軍では知らない者はなく、このたびの狙いは殿様追及である。これまで誰でもやってきたことではないか、と殿様は憤慨したが、議会の非難を嫌った国王は十二月にサニッジ伯爵をスペイン大使に任命してほとぼりの冷めるのを待つことにした。事件が海軍本部長ヨーク公爵の責任追及に及ぶことは何としても避けねばならない。同月六日にこの話を聞いたピープスは殿様のために大いに喜んだ。

ピープス本人は上手に立ち回り、積荷取得権を売って事なきを得たといわれている。その三日後の一六六五年十二月九日に、ピープスはブラウンカー卿らとアルビマール公爵ジョージ・モンク邸で話し合いをした。サニッジ卿お気に入りのピープスをアルビマール公爵は嫌っていた。会のあとブラウンカーとピープスは公爵夫妻と食卓を囲んだ。公爵夫人アンは出しゃばり、口が悪くて強欲、夫を裏で操っているとの評判で、ピープスはこのときも「ひどく不細工な女」とわざわざ書き添えている。サニッジがスペインに赴任すれば、残る夫アルビマール公爵の海軍での責任がますます重くなる、生命の危険も増える、と夫人はご機嫌斜めだった。さきのヨーク公爵夫人と同様に、アルビマール公爵夫人も夫が戦場に出ることを愚痴って、こう言った。

もし主人が臆病者だったら、おそらく二度と航海には出なかったでしょう。ご免を蒙って、大使にでもしてもらっていたことでしょう。(第六巻、四一一頁)

間もなくスペインに赴任するサニッジ卿へのあてつけだ、とピープスは書く。怒りを抑えたものの、彼は自分の顔が紅潮するのを感じ、公爵夫人の表情も変わったという。食卓の空気が一瞬冷たくなっただろう。公爵夫人の愚痴には無理からぬ事情もある。なぜならば、ローストフト海戦のあとはやばやと、六月二十五日にヨーク公爵の身の安全につき王室で相談があったことが『日記』で判るからである。公爵はローストフトの戦いで危うく命拾いをしたが、これを教訓として、もうヨーク公爵を「航海に出す」のはやめよう、とする意見が王室で有力になった。そのうえ、もし公爵にもしものことがあったら「王位の安定のためにはならない」のである。いまの国王チャールズ二世には嫡出子がなく、彼の後継者は弟のヨーク公爵のみである。十五年後のカトリック陰謀事件で王位継承が大問題になり、ピープスも騒動に巻き込まれて大迷惑を蒙ることは再三述べたが、それはあとの話で、話し合いの結果、ヨーク公爵は海軍の任務を解かれて北方のヨークに派遣され、イングランド北部の防衛に当たる、と決まった。猛威をふるうペストから彼を護る、という目的もあって、ヨーク公爵は二重の安全地帯に派遣された。わたしの夫だけが貧乏くじを引いた、どうしてくれる、とアルビマール公爵夫人は大いに不満で、言いたいことが山ほどあった。ローストフト海戦の甲板上の悲惨な情況を思えば、いやな女とはいえ夫人の愚痴はもっともである。

ヨーク公爵の身の安全、王位継承問題にふれる一六六五年六月二十五日の『日記』記事によると、ローストフトの戦いで重傷を負ったサー・ジョン・ローソンを見舞いにピープスは水路グリニッジに赴いたが、ローソンは死んでいた。「今朝死んだ」とピープスは冷たく記すだけである。ローソンは膝に深手を負い、骨摘出の手術を受けたが、化膿して三週間苦しんだあげくの死であった。共和制時代の前歴は別として、国王復帰の功労者のひとりローソンが死んだちょうどその日に、ウェストミンスターの王室はヨーク公爵の身の上、彼の温存を話し合っていた。そして、サニッジ殿様といえば、国王の庇護のもと、翌年の一月にポーツマス港からマドリッドに向かう安全な航海に出る。アルビマール公爵夫妻はそれを横目に見ていた。一六六八年二月二〇日の下院で、三年前のサニッジ艦隊司令官（当時）の艦隊指揮に関する失態追及が行われたが、大使としてスペインに駐在する彼を議場に呼び出すことができず、追及は竜頭蛇尾に終わった、と下院議員ジョン・ミルウォードの『日記』にある。このときもサニッジ伯爵は国王のおかげで危機を脱したのである。

航海といえば、テムズ河まで曳航されたオランダ東インド会社の貿易船二隻はどうなっただろうか。話を一六六五年一〇月十二日に戻すと、ピープスはこの日に船艙荒らしに加わった男の訊問に立ち会った。グレイヴゼンドに帰還してほぼ一ヵ月が過ぎ、両船はテムズ河をすこし遡航してイアリス付近に碇泊している。最初にサニッジ司令官の命令で船艙を開いたあとも窃盗、持ち出しが続き、今やはっきりと掠奪になっていた。その先頭に立ったのはサー・ウィリアム・バークレーだとピープスは書いているが、この若者はヨーク公爵のお気に入りである。掠奪者たちは船艙の品物を放り投げ、ひっくりかえし、むちゃくちゃにしていた。掠奪者はサニッジ司令官の指示、命令を拡大し、有力者の黙認のもとに船艙荒らしを続けていた。十一月十六日にピープスははじめて現場で船を検分する。

インド貿易船の船艙に入り、この世で見うる最大の富が乱雑に散らばっているのを見せてもらった。胡椒はありとあらゆるすき間から散乱して、足の踏み場もない。そして、ちょうじやナツメグの中に膝の上まで埋もれて歩いた。部屋全体ぎっちりつまっているのだ。それに梱《こり》になった絹布、銅板のつまった箱、そのうち一つは口が開けられていた。（第六巻、三八三頁）

乱暴狼藉の船艙で異国の香料の匂いが立ちのぼり、入り混じる。ベルゲンの海戦を描く詩でジョン・ドライデンが描く場面も、絵空事とは思えない。砲弾が香料・香木を満載したオランダ東インド会社の貿易船に命中した、というドライデンの詩のあの箇所が、ピープスが見る船艙で現前したように見える。

山と積まれた香料の真中に砲弾が落下し、
その芳香が彼らに襲いかかる。
ある者は高価な陶磁器の破片のなかに倒れ、
ある者は香木の破片に刺されて死んだ。

（ジョン・ドライデン『驚異の年』加納秀夫訳）

こうしてローストフトの海戦は英国側の曖昧な勝利で終わるが、出世の機会を逃さぬピープスは、戦訓をさっそく利用して海軍の糧食補給システムの改革を立案し、国王と海軍のため、同時に自分のためにその案を上申した。案の骨子は、主要海軍基地のすべてに糧食補給監察官という専門職を置くことである。海軍の活動を妨げる糧食不足を目の当たりにした海軍当局はこの案を認めるほかなく、待っていたとばかりピープスは、監察官たちの上に立って彼らを監察する主任監察官、あるいは総括監察官という職も置いて、自らその椅子に納まったのである。図々しくも納まった、というべきか。糧食納入を一手に取り仕切っていた古い海軍出入り業者のデニス・ゴーデンとも利益配分の話をつけた。かねてピープスはゴーデンの納入独占を苦々しく思っていて、この機会にゴーデンと話し合い、共存共栄を図ったようである。主任監察官の地位を背景にゴーデンの既得権を「排除する」、という作戦をピープスは取らない。後年、北アフリカの英国植民地、海軍基地、貿易の要衝のタンジールへの食糧納入談合に見られるピープスとゴーデンの協力ぶりから見ても、ピープスの賢さが窺われる。この件の詳細はピープスの『日記』のみならず、後述の『タンジール日記』の領域に属する。

しかし、英国海軍は憂うべき状態で、ローストフト海戦後、夏から秋にかけてチャタムの責任弁務官ピーター・ペットは工廠の軍需品欠乏、予算不足、給料支払いの遅れによる従業員の不穏、など、ありとあらゆる窮状を頻々と政府、海軍事務局、ピープスに訴えていたことが『日記』に見える。ところが一方でペットは熱心に資材ならぬ私財の蓄積に励んでいた。ローストフトの海戦の曖昧な結末は次に述べるチャタムの大敗とほとんどストレートにつながっている。言い方を変えれば、ローストフトの不手際がチャタムの大敗の原因である、と海軍事務局や政府を責める一派は大声をあげ、行動をはじめた。

7　チャタムの敗戦と責任追及

ローストフトの戦いからちょうど二年後の一六六七年六月上旬に、オランダの大艦隊が英仏海峡を遊弋《ゆうよく》し、ハリッジ沖にもその艦影を現して、海軍事務局は緊張、ロンドン市民の不安が高まった。その少し前にはじまった英国・オランダの和平交渉への圧力、示威行動だ、と英国側はこれを甘く見ていた。「敵艦見ゆ」の知らせに、軍艦乗組員や工廠従業員の未払い給料の一部を担当の弁務官があわてて配ってまわるという泥縄的な措置が講じられたという。

やがてオランダ艦隊はテムズ河口に侵入し、ロンドン攻撃の陽動作戦のあと、テムズ右岸の町シアネスにオランダ海兵隊が上陸をはじめた。英仏海峡からテムズ河口を遡航すると、間もなく左手にシアネスの町が見え、左折してメドウェイ河に入ると、その奥に英国最大の海軍工廠であるチャタム・ドックがあり、軍港周辺には英海軍の大型艦が碇泊している。オランダ側はメドウェイ河口付近からロンドン方面を窺う様子を見せて政府とロンドン市民を怯えさせたのち、メドウェイ河を遡航してチャタム攻撃に向かった。シアネスは地理的にいえば平らなシェピー島の一部である。海面と同じ高さかと見紛うばかりの低地で、オランダ海岸の地勢に似ている。船から砂浜に一歩を踏み出すと、海辺を駆け上ることもなくそのまま歩けば町に入る、という低地帯で、防衛しにくい場所であることは誰にも判る。シアネス海岸にはテムズ・メドウェイ両河に面して小型の要塞らしいものはあるが、オランダ軍はたいした戦闘もなしに二、三時間でこの町を占領してしまった。若い貴族出の守備隊長が要請した援軍も手薄で、守備隊は上流のチャタムに向かって逃走した、との報告を事務局のピープスは受けた。

そもそもメドウェイ河の両岸からは泥土が流れ出て、沿岸に軟泥の砂州を作っているから、軍艦が航行できる水路は狭く、限られている。左岸のアプナー地区の、河を見下ろす場所にアプナー城と称する小さい要塞と砲台があり、英国側は台下の岸あたりから対岸に鎖を張り、普段は海底にあるが外敵侵入の場合にはそれを引き揚げて、阻止することになっていた。ところが、当時のアプナー砲台は兵站倉庫同然で、守備兵も少なくなっていた。

鎖も整備不十分で、ときには水上に浮かべた防材で代用された時期もあったという程度である。アプナー砲台から河口の方向を眺めると、どんな大艦隊でもチャタム攻撃に向かう場合は河の湾曲部から一隻ずつ姿を現すから、アプナー砲台に安定した砲架を構築し、大砲を据え、弾薬を十分に備蓄していたら各個撃破できるはず、と素人にも見える。小さい陣地だが地の利を得ている、と言えそうだ。

ところがこれが実戦では何の役にも立たなかった。敗戦後にピープスが視察したところによると、砲台の規模そのものが小さくて、本気でチャタムを防衛する気があったのか、と疑いたくなる施設であった。小さいといえば、大事な河口のシアネス要塞も、本気で建造する気があったのかと疑いたくなるような規模だった。鎖の強度も十分、とアルビマール公爵が侵攻直前に自信たっぷりに下院に保証していた。「大型艦に関しては、いかなる攻撃に対しても一切安全とのこと——防材と鎖はすっかり強化された」とアルビマール公爵は海軍本部長ヨーク公爵の秘書コヴェントリーへの手紙に書いていたことをピープスは六月十二日に記す。オランダ艦隊はいとも簡単にこの鎖を突破して工廠付近まで侵入し、軍艦、工廠と港湾施設を存分に砲撃し、英国海軍の旗艦ロイアル・チャールズ号を捕獲、曳航して引き揚げた。

大混乱と屈辱の報告が来たのは六月十三日頃のことである。この敗北は、二〇世紀の一九三九年一〇月にスコットランドのオークニー諸島にある軍港スキャパ・フローにドイツ潜水艦が潜入し、主力艦ロイアル・オークを撃沈したことと並べて記憶される大事件である。戦闘の詳細は『日記』本文に譲るが、いくつかのことをここで記しておこう。

まず最初に、オランダ軍艦に多数の英国人乗組員がいたことである。以下は六月十四日にチャタムからロンドンの役所に来た男の話である。

さらに彼は最悪の知らせをもたらした。オランダ船にはイギリス人が多数乗っていて、英語を使っている。「今までは英海軍の金券をもらっていたが、これからはオランダの給料をもらって戦う」と叫ぶ彼らの声が聞こえた（チャタム軍港から来た男はたしかそういったと思う）。金券という紙切れより、現ナマのオランダドルをもらう、と彼らが言ったという。彼らは争ってオランダ側に自分を売り込もうとしている。まことに情けないことだ。（第八巻、三〇八頁）

海軍が予算不足のため金券で給料を払うので、水兵の妻たちが役所に押しかけ、どさくさのなかで金券を安く、時には額面の半額で、買い上げる業者もいた。『日記』のピープスはこれら金券回収業者を「ティケット・モンガー」と呼ぶ。回収業者に対しては、現金化されるまでの期間に「その金券で金を貸すものには、負債が未払いの間、八パーセントの利子を約束する」（十一月三〇日）との案を下院に提案しよう、と言う事務官もいた。そうなると、回収による利益に加えて金利も手に入る有利な貸金業になる。足もとの海軍事務局の金券事務所書記にもこういう金貸しまがいのことをする者が、『日記』で見ると少なくとも二名いた。のちに海軍の失態追及がはじまったとき、ピープス自身も金券買いに手を出した、と責められたが、これは無実だったようである。

もともとオランダ海軍は給料、食事がよく、多数の外国人が志願するので、英国のような強制徴募の必要は、少なくとも当時はなかったといわれる。前記引用と同じ日の午後に数人の水兵が海軍事務局で幹部に面会を求め、「今すぐ給料を現金でもらえば全力を尽くしてオランダと戦う。タダ働きで死ぬのは御免だ」と訴えたとピープスは記す。街頭でも水兵の妻たちが大声を挙げ、海軍高官のサー・ウィリアム・バッテンが事務局の近くで罵倒された。凶報引きも切らずという有様だが、捕獲されたロイアル・チャールズ号では、オランダ水兵が英国国旗を引き降ろし、ラッパ手が「ジョウンのスカートが破れた」という英国のメロディを吹奏したとの証言がある（六月二十二日）。ラッパ手は英国人傭兵か、それともオランダ兵か。英国側が水路閉塞用にあちこちに艦船を沈めてオランダ軍艦の遡航阻止を試みたが効果はなかった。「総員退去になって乗組員が水中に飛び込む話は聞いたが、軍艦に飛び込めと命令する、とは聞いたことがない。水底で軟泥でも積み込む気か」という趣旨の詩行が詩人議員のアンドルー・マーヴェル作の諷刺詩にある。水兵に続いて軍艦までダイヴィング、とは前代未聞、と。メドウェイ河の両岸や海底に堆積する軟泥はよく知られている。さらに、こういう場合にありがちな噂がロンドンから拡がった。

敗戦はカトリック教徒一般、特に国王側近のカトリック貴族たちの陰謀だ、海軍兵站部の怠慢だ、フランス軍がダンケルクに集結し英本土上陸の機会をうかがっている、など。六月十三、十四両日の日記は、次々に届く戦況報告、海軍事務局とその周辺の混乱、宗教問題と政策転換についての記事でいっぱいである。十四日には、「東の強風と、二つの河に押し寄せる大潮の逆流が敵艦の侵入を防ぐはずの鎖を切ってしまった」との記事が見える。それほど簡単に切断されるものなのか、と誰もが思うだろう。まさに、鎖ではなく泥縄、それもメドウェイ河の軟泥で編みあげた軟泥縄であった。後日の調査に赴いたピープスは、鎖のサイズを測ってみたりしているが、この鎖には疑問が多い。普段は水底にある鎖の引き上げタイミングが悪く、下流にいた英国軍艦が上流に待避しようにも、味方が設置した鎖で阻止された、という情けない記録もある。

大敗が明らかになった十七日の段階では、「長老派との和解以外に救いはない」というのが大方の意見のようだった。敗戦と同時に宗教、宗派問題が出ることは時代の空気として注目に値する。国事が宗派・経済問題と直結しているのである。挙国一致体制の構築で国難を乗り越えよう、ということであろう。長老派の影響力が強いシティ、特に財界の支援なしでは、急場を切り抜けられない、との認識が広まったのであろうか。二、三の連隊をいますぐ編成し、長老派軍人を司令官に任命しよう、一六六二年の夏の法律で説教禁止処分を受けている長老派牧師を説教壇に復帰させよう、などの、これもまた泥縄ふうの対策が話題になり、あの説教禁止処分になっていたベイツ牧師の説教壇復帰の案も『日記』にふたたび現れた。ピープスの観測では、長老派側でもこの国家的危機のおかげで政府の圧力が減ることを期待している、という。

オランダ海軍がテムズ河を遡航して直にロンドンを砲撃する、との噂やロンドン市内の不穏な情況に心配したピープスは、六月十三日にまず父と妻に金貨千三百ポンドを持たせ、田舎のブランプトンに隠匿させたこと、『日記』を含む手許の文書の保全策を講じたこと、などは有名な話で、金貨についてはのちに回収するとき滑稽な苦労をした有様などは、臼田昭著『ピープス氏の秘められた日記』（岩波新書、一九八二）に詳しく紹介されている。「わたしの財産は現金なので、なにか不意の災難がこわいのだ」（一六六六年九月二十二日）というピープスのことだから、このときの彼の狼狽ぶりは気の毒なほどであるが、一方では役人らしい慎重さ、小細工も忘れることはなかった。父と妻がブランプトンに出発した同じ日に、また不安になって部下のギブソンに金貨をもう一千ポンド持たせて、父と妻のあとを追うように命じた。そのときもピープスはちゃんともっともらしい理由、口実を用意した。ギブソンをニューカスルへ公務出張させたように偽装したのである。

サー・ジェレミー・スミスへの急使という口実でだ。サー・ジェレミーは何隻かの船を率いてニューカスルにいると聞いていたのだ。ほんとにニューカスルまでゆけといった。おそらく国王のお役にも立つことだろう。というのは、この火急怱忙のときに、宮廷でここまで考える人はいないだろうし、急使の費用とて国王にとってはたいしたものではないのだから。それでギブソン氏にはハンティンドンより先へいってもらうつもりはなかったけれど、手紙の包みは先へ送るように指図した。（第八巻、三〇五頁）

ハンティンドンの町はニューカスルに通じる主要道路上にあり、ピープスの郷里ブランプトンはその南西約三キロのところにある。ハンティンドンまで行かせれば公務出張の名目は立つ、とピープスは考えたのではあるまいか。この騒動のなかでいとこのロジャーが訪ねてきたが、ロジャーが教会に行ったあと、ピープスは女中のネルとしばし戯れる。その直後に、説教が終わってロジャーが帰宅する、というような危うい綱渡りもした（六月十六日）。さまざまの次元の行動を同時にこなすのがピープスの得意の技である。混乱と狼狽の最中に妙な余裕を持っているところが、上司には便利で重宝だったのであろう。

オランダ艦隊が去るとすぐに、メドウェイ・チャタムの敗戦の責任追及がはじまった。まず海軍事務局が集中砲火を浴びたのも当然であろう。砲煙おさまらぬ一六六七年六月十八日にチャタム駐在の海軍弁務官のピーター・ペットが拘束され、ロンドン塔送りになったことをピープスは聞いた。朝起きて女中のネルの身体にいたずらをしたあと出勤してみると、ペット拘束の報告が待っていたのである。ペット家は数世代にわたりチャタム海軍工廠の技師一家で、ピーター本人も一〇数年にわたり工廠の技師長格、共和制時代にクロムウェルの海軍増強にも参画した古参船大工、テクノクラートで、チャタムの主《ぬし》のような人である。出入り業者との関係も深く、権益を一手に握って、噂の多い人ではある。

同じく弁務官で、海軍会計官を勤めるカーテレットは責任追及の予感に怯えたのか引退を口にし、給料の半額を出すからブラウンカー卿にあとを引き受けてもらえぬか、とオランダ艦隊撤退のあとではあるが敵前逃亡を図った。「われわれも同じ運命か」と恐くなったピープスが女中ネルの身体の次に手をつけた仕事は、身の証しになるような書類の収集で、こういう場合には彼は敏捷である。

予想どおり、さっそく翌日に「メドウェイの事件に関する帳簿、書類を用意して午後の枢密院会議に出席せよ」、との命令が来た。オランダ艦隊の攻撃開始から一〇日目の六月十九日である。言われなくても書類の準備は万端で、会議に出てみると、チャタムで権勢を誇ったピーター・ペットは白州に引き出されたように哀れな風体で出頭していた。その後の成り行きは興味ある物語であるが、多岐にわたるので詳細は『日記』そのものに委ねることにする。ペットが、軍艦を避難させるより先に、自分が大事にしていた軍艦模型の退避を優先した、という話など、無責任、責任転嫁の話題には事欠かない。ペットに言わせると、軍艦建造に不可欠の模型で、鑑賞や趣味の品物ではない。そのほか、二年前のロ一ストフト沖の海戦の「縮帆」事情が改めて持ち出された。古い話だが、やがて下院で執拗に繰り返し問題になる事件であるから、この際に少しふれておこう。

その話は、ブラウンカー卿の弟で、ヨーク公爵の秘書役を務める宮内官のヘンリー・ブラウンカーにかかわることである。ヨーク公爵率いる英国艦隊が一六六五年六月早々にハリッジ港外の泊地から出撃する前に、公爵夫人が旗艦に夫とともに搭乗する三人の海軍幹部に夫の安全をくれぐれもよろしく、と懇願した、というあの話にも登場した人物である。

前に述べたように、この話はピープスの『日記』の記事にはなく、下院議員・詩人のアンドルー・マーヴェルの政治諷刺詩が取り上げる事柄で、ここは区別する必要がある。主人をよろしく、との公爵夫人の懇願を受けた当事者のひとりがブラウンカーだった、というのが詩の語り手の言い分である。なぜ二年前の事件がチャタム敗戦、当時の用語では「失態」の責任追及で蒸し返されたのか。簡単に言えば、あのとき撤退中のオランダ艦隊を追撃、撃滅しておけばチャタムの敗戦はなかったはずだ、という理屈で、海軍のあのときの司令官、現海軍本部長のヨーク公爵を責めたてるのが、いつものように反対派の狙いである。ピープスは当時「われわれは残りを追撃中である」と聞いたと記録したが、実は英国艦隊は追撃を中止し、反転、撤退中だった、という。この敵前反転は当時から判明していたが、いまチャタム敗戦に加えてふたたび政界で問題にする者が出てきた。それが、『下院議事録』(*Journals of the House of Commons*)に頻出する「縮帆問題」である。あのときヨーク公爵は、敵艦隊を射程内に置いておけ、と艦長に命令して就寝した。操艦は艦長、航海長の責任であるが、操舵室にヘンリー・ブラウンカーが現れて、「縮帆」、追撃中止の命令を下したという。チャールズ二世時代に関する古典的な歴史書の著者デイヴィッド・オッグは、このときハーマン艦長とコックス航海長は、ブラウンカー秘書官の命令を公爵本人の命令と信じて、追撃を中止した、と書いている。前記マーヴェルの詩の注釈のひとつもオッグ説を踏襲し、公爵とブラウンカーとの命令系統はよく判らない、という。公爵が縮帆をブラウンカーに下命したかどうかは不明だ、という意味であろう。ブラウンカー本人が疲労困憊して出した命令だ、と推測する別の注釈もある。

このときのヨーク公爵・ブラウンカー秘書・ハーマン艦長の関係がはっきりしない。三者間の指揮系統の混乱で、さらに拡大すれば、ピープスが別の箇所で言及する話題、すなわち政治的任命による「紳士艦長《ジェントルマン・キャプテン》」と、叩き上げの「実力派艦長《タポーリン》」の話にまで発展するだろう。ピープス『日記』一六六七年一〇月二十一日の記事は、現場に居合わせた船医ピアースの証言とブラウンカーや艦長の言い分を述べ、結果としてオッグ説を否定する。議会で追及された末にブラウンカーは、公爵の身の安全を優先して縮帆を命じた、と認めるが、要するにその日の血なまぐさい戦闘に怯え、主人の命が第一と勝手に命令を出したのであろう。出撃前の公爵夫人の命乞いが大事なところで意外の功を奏し、臆病な宮廷人がそれを口実に敵前逃亡を図った、というのが真相らしい。

マーヴェルの詩が、公爵夫人の懇願の相手の三人の幹部は卑怯者だ、としたのはこういう状況下のことだった。責任追及の騒ぎのなか、やがてブラウンカーはフランスへ逃亡し、残ったハーマン艦長のみが失態責任追及の委員会で油を搾られることになった。宮廷人の政治的発言の後始末を強いられたハーマン艦長は本当に気の毒である。艦長は宮廷の人ブラウンカーの命令を信用せず、航海長とふたりで縮帆に強く抗議し、ブラウンカーと押問答になったという船医の話や、ここで縮帆して公爵の安全を図れば、国王も満足されるだろう、とまで言われた船長と航海長が、「いやいやながら命令に服した」、とピープスは詳しく書いている（一六六七年一〇月二十一日）。翌年四月二十一日にハーマンが釈放された、という記事があり、ピープスの『日記』証言でハーマン艦長の名誉は保持されてよかった、と安心する読者もあろう。ほかの事柄でも、しかも長期にわたる遠洋での勤務で苦労した熟練のハーマン艦長を、議会は虐めすぎたのではあるまいか。

ハーマンとは別に、ピープス本人も海軍事務局の事務責任者として「失態」の弁明を求められた。一六六七年一〇月下旬から委員会の追及は激しくなった。真実を証言すれば他人を責めることになりかねない。「今や全員が責任のなすり合いに忙し」く、私もその空気に同調する気だ、と彼は正直に書いた（一〇月二十三日）。

十一月十九日、彼は関係帳簿持参で出頭せよ、との呼び出しを受けた。身の証しを立てるために書類、帳簿、手紙を日頃からていねいに保存するのが彼の方針であるから、書類持参は望むところだが、今回は証拠となる帳簿の破棄の疑いがかけられた。水兵の給与のための金券発行も彼の責任として査問を受ける。これは海軍予算という政治の責任であるが、あとあとまで彼は金券で苦しめられた。二年前のベルゲン港の戦いでのサニッジ殿様の指揮ぶり、チャタムの防備についてのブラウンカーの怠慢など、彼の関知せぬ事柄についても悪意ある質問が出る。このあたりの責任の有無につき、彼は痛い経験をして、のちに述べるように、物事の区別に留意すべし、との教訓を得た。また、海軍会計を監査する委員会でもピープスは説明を求められた。その詳細を述べるときりがないが、ピープスを責める一派の最終目標はすでに大法官の地位から罷免されたクラレンドン伯爵の追放、いつものヨーク公爵排除であった。

見るに見かねて、というように、かねて親しい下院議員、ヨーク公爵秘書で海軍弁務官でもあるサー・ウィリアム・コヴェントリーがピープスに助言をした。十二月三日のことである。政治家への手紙はできるだけ短くしておくがよい、明白な事柄以外は曖昧にしておくにかぎる、と。委員会は単に人騒がせをやっているにすぎない。議会にはできるだけ沈黙を守り、力ずくで引き出しうること以外はなにも伝えないのが賢明だというのである。「わたしもこの方針に従うことにしよう」とピープスは決めた。コヴェントリーに言われなくても、はじめからこの方針を決めており、コヴェントリーの教訓は彼本人が痛い目に会って得たものである。

チャタム駐在の海軍弁務官ピーター・ペットが大混乱の委員会で四方八方から追及されたときにも、ピープスは「この方針」を貫いた。ペットは軍艦建造の専門家ではあっても、議会委員会等の追及には不慣れで、委員たちからの質問や非難の集中砲火に応戦する力はなく、あえなく撃沈されるが、ピープスは戦況を冷静に記述するだけで、援軍になる気はない。その日の晩に彼は大法官クラレンドンが大陸に逃亡したことを聞き、やがてペットも罵声のなか罷免されたが、ピープスは素知らぬ顔で通した。

十二月三日のコヴェントリーの助言はピープスの官僚としての経験に照らしてごく自然に納得できるものであった。ピープスは殿様サニッジ卿、コヴェントリーをはじめ多くの人々から助言、忠告を得て、それが彼の出世につながり、同時に彼の人柄、人間関係構築の努力と相まって成功を収めた。こうして、失態追及委員会と、やや遅れて出発した会計監査委員会の試練も膨大な書類・資料を武器に大熱弁で切り抜けた。この頃の助言のなかに、独特のものが含まれているので、それについてふれておこう。海軍事務局は、委員会ばかりでなく、政治諷刺詩群による厳しい「助言《アドヴァイス》」も受けていた。アンドルー・マーヴェルの『画家への第二の助言』などは文学的味わいのある、意地悪い助言であった。

あとで詳しく述べる失態責任追及委員会の追及たけなわの時期からほぼ一年前の一六六六年十二月十四日に、ピープスは或る異色の「助言《アドヴァイス》」を受け取っていた。その日帰宅すると友人の土木技師サー・ヒュー・チャムリー氏から厳封の封筒が届いていて、中身はと見れば、「落首というか、『画家への助言』のもじり」であった。当時の政治諷刺詩のサブジャンルに「画家への助言詩群」とでもいうべき作品が流行していた。たとえば、海戦を描く画家の傍らで、依頼者があれこれ画家に注文をつけ、助言や忠告をする、というかたちで、政府の政策、司令官の戦術や資質、政治家の公私の行動などをあげつらう、という仕掛けの作品群である。政治家の肖像画が主題になる場合もある。マーヴェルの場合は「画家」とは「海軍事務局」を指している。「画家への助言」というタイトルの詩が出ると、反対派の詩人が『画家への第二の助言』というもじりで反論を出す、ということもある。ピープスが「もじり」というのはこれである。

チャムリーが送ってくれた作品は、ヨーク公爵、サニッジ卿、ペンや国王までを標的とする海軍愚弄の詩で、こういうものが出ていますよ、ご用心、というチャムリーの好意の顕われである。この「もじり」とは『画家への第二の助言』らしく、そのさわりの部分についての新しいマーヴェル注釈書（二〇〇三）にはピープスの『日記』からの引用が見られる。ピープスは議会や世間の批判、政治諷刺文学からの攻撃にうんざりしていて、議会委員会や政治諷刺で酷評されるばかりではたまらない。時にはあの連中を嗤う詩を自分も物してみたい、という願望があることを『日記』でもらしていた。前から後ろから反対派の攻撃に曝された海軍書記官にとっては、至極もっともな願いである。ピープスは海上の実戦には参加しないが、下院議員らと議場で戦っていた。

しかし、彼は悲壮な気持ちばかりで毎日を過ごしていたわけではない。一六六七年六月末、チャタムの敗戦跡の現地調査に赴いたピープスは、防衛不十分、任務放棄、メドウェイ河中の閉塞鎖の脆弱さ、などを嘆きながら、七月一日にはロンドンへ戻る馬車の中で「画家への助言」詩群のいくつかを読み、「ウイットがあっておもしろい」と評している。海軍批判の詩を愉しむような状況か、と読者は助言したいが、そこがピープスで、余裕をもって楽しんでいた。自分が攻撃されているという実感がないのか、批判を愉しんで読んでいたのか。それから間もなく、『画家への最後の訓示《インストラクションズ》』と題するチャタム敗戦を主題とし、いまも政治諷刺の古典のひとつとされるマーヴェル作の政治詩がヨーク公爵を頂点とする英国海軍、海軍事務局に襲いかかるのである。

チャタム敗戦後に英国はオランダとの講和条約締結で急場をしのいだ。この条約締結の圧力としてオランダ艦隊がチャタムを襲ったとすれば、彼らの目的は達成された。その知らせがピープスに届いたのは一六六七年七月六日で、「戦争継続なら国が滅びる。平和を十分に活用して改革を行い、財政建て直しをしなければ」と心配する彼にとっては「気分がうきうき」するほどの大喜びだった。さらに、当時の情事相手のベティ・マーティンを訪ねると、「ここでも吉報」が待っていた。それは、気が気でなかった彼女の妊娠の話が、杞憂と判明したことである。その喜びようから見ても、彼はチャタムのあと私生活にも不安をかかえていたことがわかる。

海軍の最高責任者、海軍本部長であるヨーク公爵が就任に当たって出した海軍服務規程のことを「公爵の訓示《インストラクションズ》」と部内で称していた。マーヴェル作の『画家への最後の訓示《インストラクションズ》』という詩のタイトルには、これが海軍、特に海軍事務局への「最後の訓示」だぞ、この失態を二度と繰り返したら唯ではすまぬぞ、という警告がありはしないか、と私は考えている。この時代の政治にかかわる詩文には浅く深くさまざまの含意があって、行間の推測や憶測の余地が大である。そのためには、同時代の『下院議事録』などの記事も並行して読むと面白い。

その意味で、『日記』の終末に近いころピープスを追及する議会の失態責任追及委員会、会計監査委員会（ブルック館委員会）の両委員会、さらに彼が起草した海軍・海軍事務局改革案についての『日記』記事、その他のこともここで述べておかねばならない。改革案は「公爵の書簡」となって公表されるが、その立案と下書き作成のための集中的な作業は彼の視力悪化をもたらし、ひいては『日記』の執筆断念を招くので、特に注目すべき事柄である。

8　各種委員会への対応と海軍改革

一六六七年一〇月十七日に、下院で五十六名の委員からなる失態追及委員会が成立した。委員会に与えられた役目は最近の戦争における失態の調査であるが、ピープスの『日記』に見るかぎり、調査というより責任追及と責任者弾劾であるから、失態責任追及委員会と呼ぶほうが適切かもしれない。この失態の範囲は広い。ここでその内容の大略を列挙してみよう。

前年一六六六年六月のオランダとの海戦で英国艦隊の兵力集中に失敗したこと。これは「艦隊分割問題」といわれた。軍事情報の収集が不完全だったため、艦隊の兵力集中が遅れた、というのである。遡って六五年六月のローストフト沖海戦で、初期の勝利のあとオランダ艦隊を追撃して戦果拡大を図るべきときに、上から責任不明瞭な中止命令を出したこと。すなわち「縮帆問題」である。それに、最大の案件は四ヵ月前のことで、メドウェイ河にオランダ艦隊の侵入を許し、工廠や軍艦に大被害を受けた「チャタム問題」、である。チャタム敗戦にはさらにいくつかの下位問題が含まれていた。チャタム軍港責任者の無為無策、河口の町シアネスの要塞の強化怠慢、敵艦の航行を妨害するため河中に設置した鎖の不備、河中に船を沈める閉塞作戦の不徹底、沿岸砲台の整備不良、軍艦、特に第一級戦艦ロイアル・チャールズ号を上流に移動させなかったためにオランダ艦隊に捕獲、曳航された不名誉、等々を含む。ロイアル・チャールズ号の船体の一部はいまもアムステルダムの博物館に展示されているそうである。海軍予算の不足で水兵たちの給料を金券で支払ったことは種々の弊害を生み、のちにピープスが直接に責任を問われた。金券問題は国の海軍予算の問題で、ピープスだけを責めるのは酷であるが、当時は誰もが誰かに責任を転嫁することに懸命であった。

一六六七年の一〇月中旬以降のしばらくのあいだ、『日記』中のピープスの仕事は失態責任問題に集中しているようで、『下院議事録』等の記録が理解の参考になる。責任追及の不安を抱えながら海軍事務局で答弁案を書くピープス、他人を犠牲にしてでも事務局と自分自身の地位を擁護せねばならぬと覚悟を決めたピープス、の姿が見えてくるのがこの時期である。助言をしてくれる先輩や、補佐役の事務局の部下たちがいるが、結局は自分独りの戦いである。海軍事務局全体がひとつにまとまってはいないことも次第に明らかになる。

下院議員五十六名という多数の委員の党派と利害の対立と「失態」の多様さが結合すると、一六六七年一〇月十七日に成立した失態追及委員会が穏やかに進行するはずがない。この日の『下院議事録』には同委員会の委員名の長いリストがあり、そこに埋まるように、前に触れた下院議員で政治諷刺を得意とする詩人のアンドルー・マーヴェルが「ミスター・マーヴェル」として五十六名中の七番目に記されていて、早めに出たからよかったものの、私は危うく見落とすところであった。リストのあとには、わざわざ「出席者はすべて発言権を有する」とある。こう記すのが慣例かもしれないが、会議の前途多難を示唆している。『日記』からもわかるように、クラレンドン伯爵追放の賛否でいがみ合う議員、委員たちのことであるから、各自が脈絡もなく質問し、国の大事と私怨とがまじりあい、よほどの手腕の委員長でないと捌ききれない。成立して五日目の一〇月二十二日の『日記』でピープスは次のように書いている。

この委員会というのはなんと騒々しい存在なのだろう。不適切で無関係な質問がたびたびなされるし、このうえなく混乱した提案も持ち出される。それにしてもペット弁務官の弁明は貧弱きわまりないものだった。説明は的外れで説得力を欠き、話があちらこちらに飛ぶ。ときには自分を弁護し、ときには批判する。彼の最大の失敗は（わたしの見るところ）、さまざまな質問が委員たちから寄せられる中で、どの質問に自分が答えるべきか全然考慮していない点である。この区別の欠如が彼の身の破滅につながるのではないか。たとえば、河川の船舶の配置についても彼は説明したが、元来それは彼の任務ではなく、責任など負う必要はないのだ。（第八巻、五二三頁）

この委員会の討論（とも呼べない議論）の様子は『日記』の本文に譲ることにして、チャタム駐在のペット弁務官にチャタム敗戦のほとんど全責任を押し付けるのは無茶な話であるが、政治の場ではやむを得ないことであろうし、さきに述べたように誰もが責任を他に転嫁することに熱心で、ピープスも例外ではない。ペット弁務官は造船を専門とするテクノクラートであり、「河川の船舶の配置」の責任を問うのはお門違いである。ロイアル・チャールズ号を上流に退避させるかどうかの判断は海軍の指揮官、艦長の責任である。退避させたとしても、結局は捕獲されただろう、という説もある。四方八方から責めたてられて答弁に窮し、立ち往生するペットをピープスは冷たく傍観していた。数代にわたってチャタム軍港や海軍工廠の実力者として君臨し、裏収入もたっぷり手にしたらしいペットではあるが、これで身の破滅とは哀れである。勝手気ままな質問が出れば参考人は一々応対しきれない。少なくともこの場のペットは、ハーマン艦長よりも気の毒であった。

これは一六六七年一〇月二十二日の記事のことであるが、三十一日にはヨーク公爵に次ぐ海軍大幹部のアルビマール公爵がルーパート王子と並んで議会に証言書を提出し、それが読み上げられた。議事録では、この種の証言書を「ナラティヴ」と呼ぶ慣例らしく、実体は要するに「物語《ナラティヴ》」であって、アルビマールの責任回避の一方的発言である。彼の長い「物語」を読めば、肝心の点でペットに全責任を負わせようとする意図は明々白々である。

アルビマール公爵本人はチャタム攻撃の直前にヨーク公爵の秘書官コヴェントリーに手紙を送り、チャタム防備は万全で、メドウェイ河閉塞の鎖も大丈夫だと保証していたことはさきに述べたが、この手紙が読み上げられてアルビマール公爵が大慌てしたことをピープスの『日記』が語っている。これこそアルビマール公爵の大「失態」だが、彼としては、ここは何としてもペットにすべてを押し付けて逃げるしかない。ヨーク公爵秘書官のコヴェントリーはアルビマール公爵の問題の手紙を読み上げたが、自ら進んでそうしたのではなく、追い込まれてやむを得ず読んだことだと『日記』にあり、あとで公爵の報復が来はしないかとコヴェントリーがひどく怯え、気に病んでいたこともわかる。主人のヨーク公爵に迷惑がかかる、とさぞ心配したことだろう。このように、委員会でさまざまのやり取りがあったが、その間のピープスは、「われわれ事務当局は任務の遂行をすべて彼（ペット）に任せていたのである」と記す（一〇月二十二日）。こういう話は現代にもありそうで、臨場感がある。

そのなかで、当座限りでのことではあったが独り勝ちをしたのがピープスである。さきにふれたように、委員会は大荒れで、ペットが再び窮地に立った一〇月二十二日には、ピープスは早朝から午後二時まで事務局でかねて集めた答弁資料を取りまとめ、特に自分にかかわる金券による給料支払い等の弁明のため慎重な準備をした。それから委員会に出席して証言し、チャタム防衛に関して蠟燭の火を灯す時間になるまで答弁演説をしたという。どう弁明し、言い抜けたのか『日記』文面だけでは判らないが、「われわれ事務当局は任務の遂行をすべて彼（ペット）に任せていた」という一文から、彼の答弁の方向を窺うことはできる。

この日の『日記』記事を精読すれば、さらに興味津々の推測が可能である。委員会の当初の雰囲気は冷たく、証言を始めたときピープス参考人は規則に従い起立したまま、椅子が与えられなかった。当時の慣例として、答弁に立つといっても参考人の地位によって待遇が異なっていたようである。ところが、彼が資料の数々を持ち出して説明するうちに、資料を立てておくための椅子が用意された、とのことである。ピープスはこのことを得意げに書いているようだが、前後の文章を読むと、長時間の弁明になり、資料を置くという名目で異例の椅子が与えられたのかもしれない。

彼は海軍予算、給与明細、糧食買い付けなどの細部にわたり、かさばる帳簿や書類を武器に、得意の統計数字を連発して委員たちを煙に巻いたようだ。これもまた、現代のどこかの委員会で見られる情景であろう。ここでは書類と数字に強い事務官ピープスと造船技術者ペットの才知の違いがよく見えて、海軍書記官に就任して七年目、三十四歳の人物とも思えぬ仕事ぶりで、ここは「あっぱれ」としか言いようがなく、最高責任者のヨーク公爵もさぞかし満足し、かつ安心したことであろう。「同僚たちは、これで完全に自分たちが無罪放免になったと思いこんで全員が浮き浮きしている」と書くピープスは決して安心していない。たしかに今日のところはうまくやった、だが、明日のことは分からない。下院や委員会がこれで幕を引くはずがない、とピープスは冷静に見ている。この見通しは正しく、後述するように翌年三月五日には、審議官らを背後に、再び陣頭に立って奮闘する運命になっていた。

「縮帆」事件については、ヨーク艦隊総司令官の秘書役のブラウンカーが散々油を搾られた。ここからたいへん面白い話題をいくつか引き出すことができそうだが、『日記』の主流からすこし逸脱するので控えておこう。詩人マーヴェルの政治諷刺詩に見られるペット批判の数十行と『下院議事録』との関係も歴史と文学の接点として論じたいところであるが、これもまた別の機会を待つことにしよう。同じ事件が議事録、日記、政治詩という異なるジャンルを通して見られること、マーヴェルの作品に関する最近の注釈のひとつにピープスの記事がやや誤ったかたちで引用されていること、だけをここで記しておこう。『日記』では、ピープス本人が書いた記事と他人から聞いた話の引用とを読み分けること、ピープスが大事にする「区別」、が必要である。

次に、会計監査委員会のことに移ろう。

一六六七年十二月三日にヨーク公爵秘書官のコヴェントリーが、海軍会計の監査のために新しい委員会が間もなく組織されるだろう、とピープスに警告した。いつもの有難いコヴェントリーの事前情報である。従来の下院会計監査委員会とは別に、監査対象を一六六五年以来の戦時会計に限定して精査するのが新委員会の目的であった。やがて会議の場所となる邸宅の名称からブルック館委員会（The Brooke House Committee）と呼ばれることになったが、以前からのいきさつもあって、『日記』では「会計検査委員会」と表記されることもある。根本問題の慢性的な戦費不足、戦時予算の執行状況などを調べるとなれば、主な対象はもちろん海軍事務局である。国王が戦費を別目的に流用した、というのが委員多数の意見である。金券問題と国王の予算流用とが混在して論じられる場合もあった。それは実質的な会計責任者のピープスには直に降りかかる問題で、艦隊分割や艦船の移動などの海軍の作戦とは話が大いに違う。海軍書記官としては、軍の作戦上の失態を口実に逃げることは難しい。彼がはじめ聞いたところでは、新委員会の委員はすべて上院から選ばれる、とのことで、口うるさい下院議員は入らない、といくらか甘く見て安堵していた（十二月三日）。

ところが、委員は九名で委員手当てが付き、会議の場所はブルック館という由緒ある邸宅で、委員会専従職員も配置された。こうなると少数精鋭といえるかどうかは別として、各委員の責任は重く、追及はさらに細部に及ぶだろう。ピープスは油断できなくなった。

軍艦の建造・整備や糧食の手配などで、海軍御用達の材木・糧食業者らとの明快な説明がしにくい取引を彼は抱えており、賄賂の時代とはいえ脛に傷持つ身である。不安が次第に深まるなかで、同委員会は、失態追及委員会に遅れること約二ヵ月の十二月十九日に発足した。予算流用を疑われる国王も、新委員会設置を渋っていた。また、委員会を愚かで無意味、実効なし、と罵倒する貴族数名がいたことを翌年一月早々にピープスが記録している。委員会を利用して勢力拡大、反対派粛清を目指す政治家がいたとしても不思議ではなく、この意味では失態追及委員会と同じである。

ブルック館委員会の作業は約二年間にわたり、いくつかの中間報告をまとめたが、会議のための基礎資料となる書類を至急作成して届けるように、というたぐいの命令が出しぬけに彼のもとに来る。これは時代に関係なく、どこの国でも見られる政治家と官僚・事務官の場合と同じではあるまいか。ピープスはまた、北アフリカの英領植民地タンジールの港湾設備、防衛、船団護衛などを議するタンジール委員会でもこの時期に重要な役目を担っていた。それぞれ性格の異なる失態と会計監査の両委員会、さらに国の植民地政策にかかわるタンジール委員会からのストレスで常人ならつぶれてもおかしくはない情況である。

それに、増えてゆく自分の臨時収入の帳簿もしっかり整備せねばならないが、これには楽しみもあった。一六六八年二月一日には次の記事がある。

タンジールの報告書を完成し、昨年の分のわたしの会計を検査し、ヨーク公および大蔵委員会あての重要書簡を起草しなければならない。それに妹の結婚問題もあるし、夏までに馬車と馬小屋を手に入れたい。また役所には整理すべきことがたくさんある。糧食補給商との新しい契約書の作成も重要だ。そのほかいろいろあるけれども、わたしはどれもこれもきちんとやり遂げるつもりだ。(第九巻、五七—五八頁)

それから一〇日後の十一日の冒頭には、

午前中ずっと役所ですごす。失態追及委員会からいまいましい召喚状がきて、今日出頭せよという。まったく頭にくる。わたしは自分の立場上、今では海軍事務局の下働きと化してしまい、たえず無用な面倒という立ちの中に立たされているのだ。(第九巻、七一頁)

この日の分は特に長い記事で、典型的な多忙の一日である。『日記』から見ると、同じ問題が二つの委員会で取り上げられている場合もあるようで、ピープスはブルック館委員会でも一貫して帳簿、数字を使って説明して切り抜けるという作戦を使っている。一六六八年の一月から八月あたりには委員会記事が多く、彼の奮闘ぶりがわかる。彼が少し関与していた一六六五年の戦利品横領の件も新委員会でふたたび論議されたが、自分は「サニッジ卿の言明に基づいて分捕品を買い取った」とか、国王のご承認のもとでやったことだとして、責任逃れをしようと予め考えていた（二月五日）。心配性の彼には珍しく、この程度のことでは罪にはなるまい、とも述懐している。材木業者のウォーレンが役所に出した会計報告書をピープスが委員会に提出したとき、それでは話が違うとウォーレンが苦情を申し立てたが、ウォーレンも抜け目のない男だから、仲よくしておかないと損だと気付くだろう、とピープスにしては珍しく楽観的である。ピープスとウォーレンとは頻繁に話し合いをしているから、この会計報告書にも何かの操作が加えられて、お互いに内緒にしておこう、という約束でもしていたのか。とすれば、ピープスはやや軽率だった。彼のようにオランダ式会計や数字にくわしい委員がいたら改竄などが発覚したかもしれない。時に心配困窮し、酒で不安を追い払うこともあったが、彼の周到な準備による本番は大成功で、一六六八年三月五日の議会答弁は多くの人々から称賛された。法廷弁護士が開業できるほどの巧みな弁論だった、とまで出席者に褒められ、本人は大得意であった。しかも、自分のためではなく、海軍と事務局全体のために奮闘したことをピープスは誇りにしている。

事務局での事前打ち合わせのとき、宮廷人のブラウンカー卿は「自分個人の弁明しか用意していない。わたし自身はこの問題には一番かかわりがないのに、全員を弁護しようと汗水たらしたのだ。さらに腹の立つことに、ブラウンカーは金券による支払いをはじめたのを、わたしのせいにしようとしている。まあ、いいさ。海軍事務局の仕事はわたし一人がすべてを背負っているのだと議会にわかってもらえば、むしろわたしはいっそう大きな名誉が与えられるんだ」とピープスは書く（一六六八年三月三日）。そして、三月上旬の『日記』記事から、まさにその「大きな名誉」が与えられたことを読者は知る。その名誉とは何かを論じるのが次の話題である。

9　一六六八年三月五日の議会の質疑応答

三月五日にブルック館委員会答申に関する質疑応答が下院で行われることになった。『日記』から見て、金券発行の責任、弊害の追及が特に厳しくなる、とは一週間前の二月二十八日あたりから具体的に判っていた。金券による支払いのみならず、現金化の順番が定められているのに、それを無視して恣意的な現金化が行われていることこそ大問題だ、といきまく議員がいることは、ピープス『日記』には見えないが、ジョン・ミルウォード『日記』に明記されている。特に大口回収業者、すなわち金融業者が現金化で有利な扱いを受けているらしい。海軍事務局全員をクビにせよ、本当に絞首刑にせよ、と議会が怒り狂っている、とのうわさをピープスは聞いていた。かなり前から根回しを試みて、三月二日頃からは部下の書記たちを叱咤激励して資料収集と整理、答弁下書きに昼夜を分かたず働いた。本当の責任者の海軍弁務官たちは傍観するのみで、顔出ししたブラウンカー弁務官は我が身の安全ばかり図っている、とピープスも口には出さぬが怒り狂った。この件では責任のない自分に答弁・説明の役目を強制するのはお門違いだが、立派に弁じて見せよう。議員たちに官僚としての力量を認めてもらう機会になれば以て瞑すべしだ、と彼は思った。そして、当日朝になる。妻に慰めてもらいたいという心境だ、と彼は記すが、こういう場面で妻が出るのはこれまでないことである。早めに議場に着いてしまって落ち着かず、近所のパブ二軒でサック酒とブランデーのはしごをした。これも珍しいことだ。

弁務官、ピープスと事務局員は十一時半頃に満員の議場に呼び入れられた。ブラウンカーほか一名の弁務官とピープスがバーの前に立ち、『日記』ではまるで裁判官・検事と被告のようだが、事実上そうである。議場に入った途端に、サー・ウィリアム・ペンがバーの向こう側、議員席にいることにピープスは目敏く気付く。彼は弁務官で、責任者の立場なのに、下院に議席を有しているだけであの無能なペンがあの場で涼しい顔をして、とピープスは真っ先に立腹の様子である。後年ピープスは下院議員選挙に立候補、当選して、その直後に面倒な当選無効問題に巻き込まれるが、彼の議員願望はこの日の議場あたりで生まれたのか。議員たちは議席に座っているのに、これから立ったまま長時間の答弁を強いられたピープスの気持ちを忖度したくなる。

この議事の様子を知るための資料として、ピープス本人の『日記』のほか、『下院議事録』、『グレイの下院討論記録』(*Debates of the House of Commons, from the Year 1667 to the Year 1694*)と『ジョン・ミルウォードの日記』(*The Diary of John Milward*, 1938)の三点を私は参照したが、それぞれ相違があって興味は尽きない。『日記』では、ピープスは唯一人で三時間余(本人は四時間という)の大演説をして、その間に議長は一度も口を挟むことはなかった、と自慢している。聴いた者すべてから賞賛を受けた、海軍事務局は救われた、同僚も有頂天の喜びようだ、と『日記』は記すが、ピープス本人が誰よりも有頂天で、各方面の最大級の褒めことばを翌日、翌々日にも延々と記した。彼がここまで書くことはまずない。ただし、ピープスは議場で何を語ったか、その内容自体は『日記』からは全く判らない。我々が依拠するカリフォルニア大学版の『日記』編者は、発言内容については『ジョン・ミルウォードの日記』を参照のこと、と注釈していて、おかげで私はミルウォードに辿り着くことができた。

それはそれとして、不思議なことに、『下院議事録』には素っ気なく、短い記事しかなく、「海軍弁務官たちは十分な発言の機会を与えられた」とは書いてあるが、答弁者ピープスの名前は一切出ない。高官である弁務官の発言の労を省くため下級職員が代読した、という体《てい》にしたのだろうか。一方『グレイの下院討論記録』はどうか。ここでは、金券発行のいきさつ、贋金券の出現や二重交付、買い占めや現金化の際の依怙贔屓と順番無視、などに関するピープスの説明と弁解が記録され、海軍の実人員と定員の差が生じる理由、などを詳しく記し、『下院議事録』とは大違いで、ピープスはこういう発言をしたのか、と、読みづらい文書だがなるほどと一応の納得はできる。日ごろ弁務官を批判し、不平たらたらのピープスも、公式の場では彼らを弁護する口調が感じられ、下僚としてはよくやった、と言ってもいいだろう。

そして、金券問題の説明が一段落したところに、注目すべき文章が『グレイの下院討論記録』にはある。曰く、「以上の説明は、実質において海軍事務局の書記のひとりにより、積み上げた書類やメモによって行われた。その間に弁務官たちは仕切りの前でずっと起立していた」と。しゃべるピープスの後ろで弁務官らが無責任、無能（ピープスの意見によれば、ではあるが）の罰として立たされている、という風情は面白い。救ってもらった弁務官たちも内心さぞかしピープスに感謝しただろう。十分な説明のできぬ上司の助け船に部下の役人が出てきて滔々と答弁し、上司の影が薄くなった、というような情況ではあるまいか。背後からそっとメモを出したり、耳元で囁く程度ではない。彼らを背後に立たせて堂々と弁じたのである。議会でかくも見事な答弁は未だかつて聞いたことがない、と下院議長が感嘆したそうだ、と六日後に書くピープスの冷めない興奮には、このような官僚の事情があったのであろう。

『グレイの下院討論記録』では、このあと発言は現国王チャールズ二世側近の宮廷人への苦情となり、前国王のチャールズ一世が処刑されたのも君側の奸のせいだ、というふうに、肝心の海軍失態の討議から革命政府時代への恨みつらみへと逸脱していった。こうなるとピープス『日記』にあるように、勝手に議場を離れて食事に行く議員、一杯飲んで戻る議員がいて、最初は満員だった議席も次第に空席が目立ち、とうとう定足数不足になって、今日の決着を目指したピープスの苦労は報いられず、海軍事務局説明の下院承認は二週間後に延期された。ピープスたちもこの間は一旦退席となったようである。しかし、ほっとしたところにまたまた呼び出されて、今度は「金券回収業者《ティケット・モンガー》」の手口についての質問があった。この点でも『日記』と『グレイの下院討論記録』の記事はつかず離れずで、かなりの程度一致すると言えよう。足もとの海軍事務局の職員にもこういう商売に手を出す者がいたことは前に書いたとおりである。ピープスのいとこに当たるケイト・ジョイスの夫で、旅籠屋「三鹿亭」を営むアントニーが自殺するという出来事が『日記』にあるが、解雇された水兵が宿泊する旅籠屋の経営者の中には金券買い占めを副業とする者がいて、水兵でもない彼が金券をかなり持っていたらしいから、アントニーもその一人であろう。現金がなくて、金券で宿代を払う者もあったにちがいない。

ケイトは、ティケット現金化を頼みに、夫の死後にピープスに会いに来たが、その途中で金券を紛失したと言い、何とか助けて、とピープスに陳情した。ケイトの身の上については、夫の自殺と埋葬、遺産相続につき二月以来のトラブル続きで、さらに三月の金券紛失の顛末をピープスはかなり詳しく記述して、世相を描く短編小説になりそうなナラティヴの材料がある。

『日記』の記事を追うと、ケイトの陳情は議会でピープスが立派な答弁をして僅か五日後のことで、彼は私生活でも金券と関わり、ケイトの為を図り、依怙贔屓・公私混同もまた立派に実践したようである。ケイトはピープスの下院での評判を耳にして頼り甲斐のある親戚と思い、すぐさまやってきた、という想像はどうだろうか。こういう場合には、彼は頼り甲斐がある。二月末の議会では、金券の現金化順番の件で、議員たちが順番ルール無視を強く批判し、ミルウォードの日記では、ひどく興奮する議員もいた。こんな時のピープスは大胆だった。

三月五日の下院記事で、グレイの記録には「事務局書記のひとり」(one of their clerks)が「書類やメモ」を積み上げて答えた、とある。書類やメモと言われれば一目瞭然、ピープスである。この武器でたいていは素人に近い相手を威嚇し、意見をのませる。一六六七年一〇月二十二日のチャタム敗戦責任追及のときも、同じ手を使ったことは我々の記憶に新しい。「一書記」とは海軍書記官ピープスに酷だが、弁明演説をしたのは弁務官ではなく、ピープスだったことがここでもはっきりする。金券に関する議論そのものは当時の海軍の慣行として興味深いが、その話は別として、彼の活躍が『日記』以外の資料でもこのように証明されたことに、我々も満足するのである。

もう一つの資料『ジョン・ミルウォードの日記』のこの件に関する記述は、公式記録や事務的記録とかなり違い、人間味豊かで、情況がいっそうよく理解できる。ミルウォードは、金券に頼らねばならなくなった理由につきピープスの説明を数箇条にわたり書いているが、我々から見れば、「海軍予算の不足のため」というのが説得力を持っていて、あとの説明は政府の失態、海軍事務局の言い訳に聞こえる。複数の理由を挙げても、それは「海軍予算の不足」の下位区分に過ぎない。

ミルウォードのおかげで金券支払い等の具体的状況をかなりよく知ることができるが、我々はピープスその人の下院での処遇に注目しよう。ミルウォードは冒頭で、海軍事務局の者たちが入ってバーの前に並び、「ピープスという者」(one Pepys) が全員を代表して何もかも一手に引き受け、ほとんど三時間にもわたり個々の問題に答えた、と書く。答弁者は弁務官ではなくピープスであることがここでも証明されるが、ここに至ってようやくピープスの固有名詞が登場したのである。

そして、ミルウォードの金券問題記録がいわば佳境に達したとき、次の文章に出会う。

金券の秩序ある支払いを事務局で定めたが、一週間もたたぬうちに順序を乱したではないか、との反論があったが、ミスター・ピープスは、それは事務局幹部の間で案として話題になっただけで、承認も署名もされなかった、と言い、続けて、その後に何度か命令が出たが、それには強制力はなく、従って規則的運用はされなかった、と答えた。
(ミルウォード、二〇八頁)

ここでようやくピープスは「ア・ピープス」から「ミスター・ピープス」に昇格した。それは何を意味するのか。彼が発言を続けるうち、ミルウォードは或る種の感銘を受け、メモに思わずミスターと書いてしまったのだろうか。ただし、『ミルウォード日記』から聞くピープスの言い分は一見正直そうだが、横着に近い。そもそも、規則がないところに不規則はあり得ない、など開き直りふうの発言があり、議員が怒ってもいい場面がある。この程度でピープスが本日のお役ご免となったのが私には不思議に見える。しかも、あとで褒め称えられたのだから。議題に取り上げ、海軍事務局を困らせるのがこの日の目的だったのか。

この日の『日記』に戻ると、報告の承認が延期になったわけは定数不足だけではなく、午後に「宗教問題で下院が王と会見することになっているからである。（議員たちは非国教徒とカトリック教徒を取り締まるための法律を、すべて厳格に施行するように懇願した）」と彼は書いた。議員たちには取り消しできぬ大事な先約があったのである。『ミルウォード日記』は、約束時間は午後三時、場所ホワイトホールのバンケッティング・ホールと時間、場所まで書いているが、ピープスの発言が三時近くまでかかり、議員たちには失態討議を続ける時間の余裕がなかったことがこれで判明する。当時の政治と宗教の関係は入り組んでいて、後年のピープスを苦しめるが、今日三月五日の両者の関係は解りやすく、宗教問題が時間切れをもたらし、ピープスの意図を妨害したのであった。ブルック館委員会はこの年の夏までだらだらと続いた。ピープスの『ブルック館委員会記録』にこの件がしつこく書かれているが、今は『日記』に限定し、ナラティヴを進めることにしたい。

金券問題ばかりでなく、その他の事項についての議会答弁でピープスは何を学んだか。まず腹立たしいのは、下院議員たちのわがままと、見当はずれの質問で、三月五日にもその様子は判るが、だらしない議事運営等で、ピープスが待望する答弁承認の決議には至らなかった。議員になってバーの向こう側に立つ身分にならぬことには根本問題の打開は難しい、と彼は本気で思ったにちがいない。海軍予算をめぐる下院議員に嫌気がさした本部長のヨーク公爵は、解決策として海軍の高等官全員が下院議員に立候補する案をすでに一六六一年の二月に示唆していた。議員や諸委員の先生たちを啓蒙し、さし当たっては海軍予算の現状を理解させるには、事務局幹部が下院の議席を獲得するにしくはない、と。

次の教訓は、答弁に当たっては物事を仕分けし、区別し、自分の責任範囲を確認し、その範囲外のことには関わらないこと、である。責任のない仕事で追及されることを事務官、官僚は絶対に避けねばならない。そして、自らの責任の限界を議員たちによく理解してもらうこと、である。責任のない仕事で追及されるほど馬鹿馬鹿しいことはない。官僚は絶対にこれを避けねばならない。思い起こせば下院議事にその範例があった。工廠責任者ペットの追及がそれである。

主にチャタム敗戦責任で海軍事務局が責めたてられた前年秋の一六六七年一〇月二十二日、ピーター・ペットが集中射撃を受けたことは前に書いた。これは作戦にかんすることで、私の権限外だ、とあの時主張すればよかったのだ、というのがピープスの意見で、これがピープスの言う「区別《ディスティンクション》」である。非難攻撃を受けたとき、普通の人なら狼狽し、前後の物事の区別がわからなくなる。ましてや、「不適切で無関係な質問がたびたびなされるし、このうえなく混乱した提案も持ち出される」ような議場のことである。さまざまな質問が委員たちから寄せられる中で、どの質問が自分の責任かを全然考慮しなかった。この区別《ディスティンクション》の無さが身の破滅につながる。

ペット追及から一週間余り過ぎた一〇月三〇日のことを思いだしてみよう。同じ議題での審議が続いたが、ピープスはこの日はさらに慎重に「区別」を実践した。'with distinction and not direct' の方針で答弁したと彼は記す。彼のことばを言い直せば、「自分の責任・権限を一々区別し、回りくどい説明になったので」という意味で、ぴたり要点をつく答弁にはならなかった、である。「委員たちはわたしの願っていたほど十分には納得しなかったようだ」とピープス自身が認めている。「あくまで一般論としてお答えしますが」という種類の説明だったのであろう。しかし、委員の納得は得られなくても、自分が手傷を負わずにその場を切り抜ければよい、という気持ちが顕れている。ピープスが使った用語 'with distinction' とは、現代では「すぐれた成績、優等生で」を意味する場合が多い。「物事の区別を大事にすることで立派に役目を遂行した」というのなら、いくらか文学的なウィットになるが、彼はそこまでは意識してはいないだろう。

しばしば書いたように、議会や委員会がこれほど執拗に海軍本部・事務局を目の敵にする理由の一つは、海軍の失態追及を通じて最高責任者のヨーク公爵の王位継承権を奪い、彼の排除を求めることであり、「排除を求める一派《イクスクルージョニスツ》」の党派名が世間に聞こえるようになった。これは重大かつ危険な兆候である。

この政争は一六八〇年前後に頂点に達し、或る奇怪な事件が起こったが、その前兆は敗戦責任追及の頃にかなりはっきり見えている。自分の立候補も大事だが、公爵を護るためには、議会の口出しに先んじて海軍改革を実行せねばならぬ、とピープスは確信するようになった。いうまでもなく、それが自分の地位と利益の擁護につながる、という思いは本人が十分に自覚していて、『日記』で正直に書いている。下院議員立候補と海軍改革の決意はほぼ同じ動機に発するものである。議会という外部に迫られて改革をすれば不利になることは目に見えている、我ら内部の決意で実行すべきものだ、という認識と覚悟が彼のこの頃の言動に感じられる。ピープスの場合、「国王のおん為に」と「自分の利益の為に」は表裏一体をなしていることを読者は知っているが、それだけで彼を非難することは出来ないだろう。

一六六八年の七月上旬に、ピープスは聖ジェイムズ宮でヨーク公爵と懇談した。海軍批判と改革の案件を、海軍の最高責任者である公爵の頭越しにアングルシー卿が国王に直談判した、ということで公爵は怒っていた。その数日後に、他人の容喙なしに、内部から海軍改革をしたいと公爵も望んでいることをピープスは知った。さらに公爵は、諸軍港の幹部の総入れ替えを考えていることなどを三時間にわたりピープスに語った。公爵の決意を確かめたピープスはさらに「折り入って」という雰囲気で公爵との個人的面談を願い出て、七月二十四日にお目通りがかなった。公爵とピープスとは一体と見られていて、先に立って改革を推進しないとピープスはその首が危ない。公爵の敵は多く、公爵と共倒れになるかもしれぬ。しかし一方では、一心同体のようではありながら、ヨーク公爵もチャールズ二世陛下も、いざという時には本気で側近を救ってやる気はない、ともピープスは冷静に観察していた。彼が海軍大改革の素案をまとめようとしたのは、公爵とともに海軍で生き延びよう、との思いからで、高級官僚としては当然で、彼の義務でもある。公爵との面談で、

わたしは長い時間かかって海軍事務局の欠陥を詳細に説明し、われわれがそれぞれ自分の任務に責任を持つような体制にしてはどうかと言上した。公爵はわたしの建言を非常に気持良く受け入れて、自分が事務局に手紙を書くから、その草稿をわたしに作るようにといった。実はわたしは事務局の弱点短所を洗いざらいぶちまけ、それらの矯正に乗り出すのは海軍本部長としてのヨーク公の責務だと述べたのだ。公爵はその通りだと答えた。彼はわたしの建言に従って行動する意向のようである。（第九巻、二八二頁）

今を措いて改革の時はない、と彼がここでも熱弁をふるい、公爵もピープスの話に飛びついた、との気配がある。公爵にとっては、まさに渡りに船である。右の引用で公爵が書こうとする「手紙」とは公爵ご裁可による「公爵書簡」のことで、書簡のかたちで改革案を提示しよう、ということである。政界の一部で、海軍本部長の公爵を解任し、海軍事務局を委員会に改組し、議会の権限下の下位組織にしようとする陰謀がある、という情報を

ピープスは出入りの船長から得ていた。そうなればピープスも追放されるに違いない。それより先に公爵の権力が失われる。議会の動向を探り、上司の意向をいち早く見抜き、実行に移す案を提案する官僚ピープスは、いつもながら抜け目がない。彼が起草した改革案の骨子は、先にのべたように「われわれがそれぞれ自分の任務に責任を持つような体制」の確立である。おそらく将来の改革を見越して一六六四年四月七日に、役所でのバッテン弁務官のだらしなさに立腹して、次のように書いている。

それから役所へ。サー・W・バッテンの今日の午後のことの宰領ぶりを見て、腹が立った(わたしの役所用帳面を参照のこと。というのは、このごろわたしは、近ごろ思いつきや情報が毎日どえらくふえてくるので、役所での例外的なできごとは全部、別に帳面に書き入れることにしたのだ)。(第五巻、一五〇頁)

ピープス執筆の重要文書のひとつ『海軍白書』(*The Navy White Book*)は、ここに端を発するといわれている。彼の改革案の作成には、長い期間の資料蓄積があり、執筆の準備は整っていたと思われる。

一六六八年八月中旬から月末にかけてピープスは案文の作成作業に追いまくられた。腹心の部下ふたりが手伝ってはくれたが、この頃からピープスの視力が目立って落ちてきた、すなわち、『日記』の継続が困難になってきた。早くから目の痛みと視力低下を訴えてはいたが、七月末には、「今月はわたしにとってたいへん悲しい結末を迎えた。目が悪くなって、ほとんど役に立たないのだ。最近実験結果が発表された紙製の管状眼鏡をぜひとも試してみたい」と記しているが、この新器具についての論文は、自然科学研究のための組織である「王立協会《ロイヤル・ソサイエティー》」の『紀要』に掲載されたもので、早くも出版二週間後にこの論文をピープスは読んだらしい。多忙のなかの好奇心とともに、彼が視力維持に藁をもつかむ思いでいたことを示す。彼は協会の会員で、のちに会長になったほどで、自然科学には関心があり、『紀要』には日ごろから目を通していたはずだが、その素早さに読者は驚く。意外なことに、チャールズ二世も自然科学に興味を持っていたということである。

海軍改革でヨーク公爵と話し合って約一ヵ月後の一六六八年八月二十五日に、ピープスはテムズを遡る船でロンドン塔に近い事務局から聖ジェイムズ宮に赴き、口が固くて信頼できる事務官に密かに清書させておいた文章に最後の修正を加える。陰謀のうわさが飛び交うなかで、議会方面に漏れないように慎重な作業をした。これをすぐに公爵のもとに持参すると、公爵は「一字一句の変更もなく」署名をした（八月二十七日）。これが

「公爵書簡《デュークス・レター》」という改革案である。

「書簡」はすぐに海軍事務局に到着したが、大事なことであり、全員が揃ったところで公爵ご自身に発表してもらいたい、と考えたピープスはそれを手許に抑えておいた。局内外でどういう意見が出るか、を思うとピープスは不安で、この期《ご》に及んでも多少の妥協はせねばなるまいと考えていた。「この件では、事実を曲げる必要があるという気になりかけた。しかし、断固推進するとの決意を固めた。今となっては逃げるわけにはゆかぬ」。翌日に艦隊の定員外乗組員の問題で枢密院に呼び出された彼は、海軍批判が激しくなっている、と公爵から耳打ちされた。反対派領袖の名前もどこからか聞こえてくる。だが、公爵は翌日に自ら海軍事務局に赴き、「公爵書簡」を正式に交付し、国王や議会委員会を納得させるような案をさらに作成せよ、と訓示した。「公爵書簡」に基づいて、うるさい下院や反公爵派を納得させるような具体案を作成せよ、とのご命令である。

次の日の海軍事務局で書簡が読み上げられると、局員一同は「大いに困惑」し、「わたしが筆者であろうとの疑いが生じた」が、まさにその通りで、誰もが思うことはピープス本人がいちばんよく知っている（八月二十九日）。これが出来るのはピープスを措いてほかにないからである。噂があっという間に広まったが、これは本人も覚悟の上で、内外の反対は想定内である。「書簡が申し分なく仕上がり、気分もだいぶ良くなった。この仕事を果たす機会を得て神に感謝するが、そのおかげで役所とわたしの間は犬猿の仲となるだろう」（八月二十二日）。この事件をめぐる噂のなかで、ピープスは「わたしの発案でこの書簡を書いたことはわたしの喜び、誇りに思い、かつ自衛ともなる」との感慨を記している（八月三〇日）。「自衛ともなる」とはまことに正直なことばである。もっとも、内容は別として文言が厳しすぎるとの意見が弁務官たちから出たようで、現状と公爵の立場を思えば、譲歩せざるを得ない。修正部分を見ても、彼が起草した文章とさほど変わりはなく、ただ口調のきびしさを和らげただけなので、「わたしは大いに満足する」ということになった（十一月二〇日）。

「公爵書簡」の起草でピープスの視力はますます低下する。彼にとって長い八月が終わったが、一〇月になってもブルック館委員会と下院との応対に忙殺された。ここがピープスらしいところだが、「公爵書簡」の修正の話とほぼ同じ頃に、妻の話し相手、コンパニオンとして同居するようになったデボラ・ウィレット（デブ）を抱擁している現場を妻に見つかって大騒動になった。いつもの悪い癖で、一六六八年一〇月二十五日の晩である。露見して彼はこの件を彼は「わたしの知るかぎりこの世で最大の不幸」だった、と記す。

びっくり仰天し、議会の追及で立ち往生したあの哀れなピーター・ペットさながら口もきけなかった。あの当意即妙、数字で相手を丸め込む弁解の達人ピープスだが、この場合は狼狽して弁解のことばもなかった。実は抱擁以上のことをしかけていたので、問題は「妻がどの程度まであの場面を見てとったのかわからない」ということだった。妻に見破られた程度によって対応を決めようとの口吻で、議員の出方を見極めるような話だが、その彼も妻に対しては「ひたすら妻を刺戟しないように」するしかなく、様子を窺うばかりだった。この度は議会答弁で得意の「区別《ディスティンクション》」の余裕はなかったようである。相手は下院議員ではないので、納得を得るまでには大いに苦労した。オランダとの講和条約のような、危うい平和にたどりつきはしたものの、デブの事件は妻の死後まであとを引いた。

もうひとつ興味深いのは、興奮、狂乱の妻が、「自分はカトリック教徒であって、すでに秘蹟も受けている」と口走ったことである。妻のこの脅しはこれが最初ではなかったが、政府内のカトリック教徒問題、特にヨーク公爵のカトリック信仰問題が政界で疑惑を招くこの時期に、海軍書記官の妻がカトリック教徒だとなれば彼の立場に大きな影響を及ぼし、場合によっては解任の危険さえある。下院での追及も必至だ。もちろん公爵や海軍事務局にも波及する。実は妻はカトリックに改宗してはいなかったが、のちにピープスが下院議員に打って出るとき、カトリック信仰の疑惑で大きな障害に直面する。さらにこの問題はピープスの家庭を超えて、国家の重大事に発展した。一六七三年に発布された審査法《テスト・アクト》は国教会信徒以外の者の公職就任を禁じたので、ヨーク公爵は海軍本部長を辞任し、そのあとを国王チャールズ二世が本部長になった。

しかし国王はすぐに本部長の任務を新たに創設した委員会に委嘱し、その新しい海軍委員会の事務局長に任命されたのがほかならぬピープスで、これは海軍次官に相当する地位である。妻の脅しに怯えた彼が、カトリック問題とヨーク公爵の辞任を媒介としてこの地位に出世したとは何とも奇妙な話である。この時期まで『日記』が続いていたならば、興味深い情報とピープス独特の読みが得られたであろうが、『日記』はそこまでは続かなかった。『日記』後のピープスの公私の生活は『日記』前におとらず、それ以上の興味ある場面の連続になっただろう。後世の読者にはまことに残念、としかいいようがない。何とか生涯にわたって書き続けてくれていたら、と願わずにはいられない。

ピープスの視力は日ごとに悪化した。一六六九年五月三十一日を最後に、とうとう彼は力尽きたというように日記継続を断念した。『日記』の最後は次のとおりである。

自分自身の目を使って日記をつけるのはたぶんこれが最後となるだろう。これまでずいぶん長い間、ほとんどペンを手にするたびに、目を酷使してきたが、もはやこれ以上書くことができない。自分の健康がこれからどうなろうと、それに耐えるより仕方がない。今後の日記は、書記たちに普通の字体で書いてもらうつもりである。したがって、彼らや世間から知らされてもさしつかえのない事柄のみを記すことになるだろう。万一なにかがあれば（それもたくさんあるはずがない。デブとの恋愛沙汰はすでに終わったし、目が悪いため、ほかの快楽ともほとんど縁が切れたからだ）、日記帳に余白を設けて、ところどころに速記による注を自分の手で書き込むことにしたい。今やわたしは自分が墓に入ってゆくのを眺めるのも同然の境遇である。善良なる神に願う。そのことに対して、また失明に伴うあらゆる不便と苦痛とに対して、わたしに心の準備をなさせたまえ。一六六九年五月三十一日　S・P（第一〇巻　一七六―七七頁）

「自分が墓に入ってゆくのを眺めるのも同然」と、まるで辞世か遺言のように聞こえる。ところが実は、彼の第二段階の活動は『日記』終了の時からはじまったのである。幸いに視力悪化はなく、失明も免れたのは、彼がよく祈りを捧げる善良なる神のご加護であろう。

それをまた別のナラティヴで改めて語りたいが、『日記』以後のことについて、要点だけ記しておこう。

この年、一六六九年の八月から一〇月にかけて、彼は賜暇を得て妻とその兄と共にオランダ・フランス旅行をした。それもただの物見遊山ではなく、両国の海軍や政情を視察する仕事も自ら申し出て実行したという話があるが、いかにもピープスらしい。夫妻は一〇月二〇日に帰国したが、その直前に妻のエリザベスが病を得て、帰国して三週間の療養ののち十一月一〇日に亡くなった。

妻の死から間もない十一月二十七日に、彼はブルック館委員会宛てに長い答弁書を提出している。その冒頭にピープスの手紙があって、回答遅延の事情が綴られている。実は、ピープス夫妻の休暇中の九月二十九日に、委員会から海軍事務局に質問書が到着していた。「別封の質問事項につき回答されたい」という海軍失態についての詰問状で、詰問事項十八項目の多岐にわたっている。不在中のピープスに代わり、せめて答弁の草案でも書いてくれる弁務官はいなかったのか、とピープスの手紙を読む者にとっては腹立たしいことばかりである。

実情は、海軍で答弁書が書けるのはピープスだけだった、というべきだろう。急ぎ起草した答弁書を見ると、委員会の十八項目にわたる「所見《オブザベーションズ》」と称する質問ごとに一々詳しい回答が記されている。妻の重篤な病気のあいだ、そして死去のあと、これだけの文章を短時間に仕上げたピープスに読者は感嘆するだろう。それに加えて、翌年一六七〇年一月から二月にかけての委員会とのやりとりを彼が詳細に記録した日誌、欄外注、付属文書、国王とヨーク公爵への上申書、回答書への追加説明、等々も残っているから、彼の強靭さには驚くほかかない。

つかの間の平和のあと、第三次の英蘭海戦が一六七二年にはじまり、五月に頼みのサニッジ殿様が旗艦上で敵弾に吹き飛ばされ、遺体が海岸に打ち上げられる、という大事件が起こった。いまでは殿様なしでも充分に自立できる有能な官僚ではあったが、恩人の戦死はピープスにとって打撃で、両人の長い人間関係はここで終末を迎えた。

翌年には、少し前に書いたように、審査法によるカトリック教徒のヨーク公爵の海軍本部長辞任のあと、ピープスは公爵の後任という恐れ多い話になるが、新本部長チャールズ二世のもとで海軍の最高政策を審議する委員会の事務局長に就任する。これは海軍官僚としては最高の地位であった。次の年の一六七三年に、彼はカスル・ライジング選挙区から念願の下院議員に立候補し当選した。立候補した彼に国王やヨーク公爵の後ろ盾があったことは言うまでもない。ただし、カトリック信者のヨーク公爵の応援には複雑な問題がからみ、ピープスにはありがた迷惑になり、事後処理に苦労した。間もなくピープス新事務局長のもとで海軍の規律改善が始まり、軍艦の建造にも進展が見られた。

一六七九年に選挙区をなじみ深い軍港町のハリッジに変更したころから、下院を中心に反カトリック、反フランスのムードが醸成され、やがて大騒動になった。国王のカトリック国フランス寄り、ヨーク公爵のカトリック信仰などの政治的背景を持つこの動きに、ピープスが巻き込まれるのも避けがたいことであろう。この時代の宗教問題に深入りする力は私にはない。詩人ドライデンの謡う「燃える熱が血を沸かし、静かな湖水が奔流となる。導管に眠る悪しき体液《ヒューマー》が、目覚めて泡立《バブル》つ」の四行が反カトリックのバブル時代を表現している。

海軍事務局長ピープス氏の自宅にはカトリックの祭壇と十字架のイエス像がある、と一六七四年に二、三の議員を使って言い出したのはあのシャフツベリー伯爵である。下院に選ばれた調査委員に対して伯爵は曖昧な説明を繰り返し、事件は証拠不十分で終わったが、このときピープスがシャフツベリー伯爵に宛てた語気鋭い抗議の手紙が残っている。地位を危うくする噂とその発信元をただでは置かぬ、という気迫が感じられる文章である。シャフツベリー伯爵は一六七八年から約三年間にわたるカトリック陰謀事件《ポーピッシュ・プロット》の中心人物のひとりで、彼のピープスに対する攻勢は次第に露骨になる。ピープスのヨーク公爵との親密な関係がここでも彼に不利な情況をもたらした。彼はシャフツベリー公爵の実務能力を一時は高く評価し、尊敬していたが、ここで関係は一変した。さきのドライデンのことばは、カトリック陰謀事件を主題とする政治物語詩『アブサロムとアキトフェル』（*Absalom and Achitophel*, 第一部、一六八一）からの引用であるが、この作品で作者はシャフツベリー伯爵の性格と暗躍ぶりを描きながら、「仕事は速く、愛想もいい」とかなりの行数を費やして彼をほめている。ドライデンとピープスはこの評価ではほぼ一致している。

　そして遂に、騒動が始まった翌年の一六七九年に、ピープスは海軍事務局長の地位を剥奪され、英国海軍の秘密情報をオランダに売った、という名目で、友人の造船技師サー・アントニー・ディーンとともに六月から短期間とはいえロンドン塔に拘禁された。その後、情報漏洩の罪は取り下げられたが、局長官邸を出た彼は親しい海軍事務官のウィル・ヒューワーの家に同居するようになる。

　一六八三年になって、カトリック陰謀事件の騒動を生き延びた彼にふたたび活動の場が与えられた。チャールズ二世が一六六一年から大きな費用と犠牲を払いながら経営してきた北アフリカの植民地タンジールを持て余して放棄を決断し、港湾施設と要塞のすべての破壊と撤収に踏み切ったとき、その責任者に選ばれたのがサミュエル・ピープスである。彼は国王から直々に、ポーツマスに急行し、碇泊中のダートマス卿を司令官とする艦隊の旗艦に乗艦せよとの特命を受けた。

『タンジール日記』或いは『ピープス第二の日記』として知られる彼の記録によると、七月三〇日にロンドンを発ち、旗艦グラフトン号で最初の一夜を過ごしたのは八月九日である。はじめ彼はタンジールの防衛強化のために派遣されると思い込んでいたようだが、意外にも破壊と撤収が目的だと十三日に司令官室で聞かされた。この破壊撤収作戦の前と後のタンジール港と要塞の写生画を見ると、ピープスが完全破壊の大仕事を見事に実行したことがはっきりわかる。タンジールの港湾工事や糧食納入で彼は相当額の臨時収入を得ているので、どういう気持ちで仕事を指揮し、工程を観察していたのであろうか。この功績によるのか、一六八四年に彼は海軍委員会事務局長の座に復帰した。

翌年の一六八五年二月にチャールズ二世が亡くなり、ヨーク公爵が即位してジェイムズ二世となり、即位式でピープスは新国王の天蓋を支える役を務めたといわれる。あの公爵が国王となり喜び、ほっとしたのも束の間、一六八八年の名誉革命でジェイムズ二世は大陸に亡命し、ピープスの宿敵かつ模範として敬意を払う国オランダから来たオレンジ公ウィリアム・メアリー体制になると彼は官職を辞するしかない。それに追い討ちをかけるように、一六九〇年六月には「ジェイムズ二世派《ジャコバイツ》」、すなわち新時代の反体制派との嫌疑で彼はふたたび一時拘留された。シティの名誉市民に任命されることはあったが、その後は公職に就く機会はめぐっては来なかった。ロンドン郊外のクラッパムにあるウィル・ヒューワーの家で余生を送ったピープスは、一七〇三年五月二十六日に亡くなった。享年七〇歳で、『日記』にしばしば出てくる聖オラヴ教会に葬られた。

『日記』以後のピープスをめぐる様々の事件は公私にわたり興味深い題目である。「カトリック陰謀事件《ポーピッシュ・プロット》」や「ヨーク公爵排除《イクスクルージョン・クライシス》」騒動とピープスとの接点など、『日記』以上に面白い「物語《ナラティヴ》」に発展するはずだが、それは別の機会に譲らねばならない。

あとがき

今年は本書の主人公ピープスの没後三一〇年になる。私は『サミュエル・ピープスの日記』のピープスを、まず海軍官僚として捉え、彼の生活環境である王政復古期の英国と併せて観察してみた。大陸に亡命していたチャールズ皇太子が、イギリス革命の終末とともに王位に復帰した一六六〇年の王政復古の大変動を、一九四五年の日本敗戦後の体制変革と対比するのは無理な話だ、とは思いながら、私は両者をいつも比較していた。戦争末期の旧制中学校は閉鎖同様で、私は学徒動員で三年、四年生のあいだを旋盤工として陸軍造兵廠で働いた。『日記』でチャタムの海軍工廠の話が出てくると、陸軍・海軍の違いはあるものの、軍直属の兵器工場の雰囲気を、久しぶりに身の回りに感じた。ピープスが企てた海軍改革も、大幅に縮小をすれば、私が管理職として企てた大学改革に似ている。その仕事の合間にはじめた私のピープス・カードはやがて二千枚を超えた。つまり、ピープスの生活と意見は他人事《ひとごと》ではなくなった、ということで、自分の仕事についての考えや感想をつい併せて書き込んだカードもある。そういうわけで、積み上げたカードは、これもスケールはずっと小さいが私のピープスの『日記』のようなものである。断片的な複数のカードが一冊の書物になろうとは、私は予期していなかった。ピープスは自分の日記が『日記』として公刊される日を想像しただろうか。

ピープスは『日記』を独自の暗号で書いた。この暗号や当時の速記術から書き起こすのは私の知識と能力を遥かに超えている。このたびは、解読して英語化された標準のテキストであるカリフォルニア大学本を元にしたことをお断りしなければならない。また、日本語訳としては国文社の『サミュエル・ピープスの日記』（全十巻）を用いたが、文脈により少し書き直したところがある。

カードから書物になったのは富山太佳夫さんのご厚意によることを記し、心から御礼を申しあげる。また、私の未熟な話に耳を傾け、助言をくださった織田稔、村里好俊さんのご友情に深く感謝している。かなりの年齢に達した方々を含む元学生の皆さんにも、この機会に御礼を申しあげたい。

みすず書房の辻井忠男さんには、出版にあたり貴重なご意見を一々丁寧にお手紙で寄せていただいた。有難うございました。

二〇一三年三月三〇日

岡　照雄

ピープス『日記』年表

一六三三年二月二十三日　サミュエル・ピープスが誕生。
一六五四年三月　ケンブリッジ大学・モードリン・コレッジにて学位取得。
一六五五年九月――一六五八年九月　フランスからの亡命者の娘、エリザベス・サン・ミシェルと結婚。
　二十六日に膀胱結石の手術を受ける。
　護民官オリヴァー・クロムウェルの死去。三男リチャードが後継者となったが、派閥抗争で政情混乱がはじまる。この頃、ピープスは有力政治家ジョージ・ダウニングの臨時雇いとして勤務。
一六五九年五月　政治家エドワード・モンタギュ（のちのサニッジ伯爵）の部下として、バルト海派遣艦隊司令官となった主人に従い北欧へ。

一六六〇年一月　『日記』がはじまる。
一六六〇年二月　スコットランドを発したジョージ・モンク将軍の軍隊が三日にロンドンに進駐し、治安回復に乗り出す。各派の利害が対立し、モンクの真意は不明で、憶測を呼ぶ。
　十一日にモンクは追放されている議員の復帰、選挙を議会に要求し、王制復活を求める雰囲気が強まる。
　二十一日にモンク指揮下の兵士の保護のもと、一六四八年に追放された議員七〇余名が議場に入る。
一六六〇年三月　ジョージ・モンクと、ピープスの「殿様」のエドワード・モンタギュが並立して海軍総司令官に任命され、ピープスはモンタギュの秘書となる。
　十六日に議会解散が決定。
　二十三日にモンタギュはテムズ河に碇泊する軍艦スウィフトシュアにピープス秘書を伴い乗艦。
一六六〇年四月　二十五日に仮議会が成立。
一六六〇年五月　一日にチャールズ皇太子が議会に送った「ブレダ宣言」が承認され、国王・上院・下院による政治の復活が決まる。
三日にモンタギュの命により、ピープスは士官らを旗艦に召集し、国王の宣言文を朗読して彼らの賛成を得た。また、議会への報告文をモンタギュとともに起草。
十一日にモンタギュの艦隊がチャールズ皇太子を迎えに出港し、ピープスも同行。チャールズは二十五日にドーヴァー海岸に上陸、二十九日にロンドンに入る。
一六六〇年六月　海軍書記官に就任し、海軍事務局に隣接するシージング・レイン通りの官舎に住む。王政が復活し、新体制が次第に整備される。翌年四月にチャールズ二世の戴冠式。
一六六二年八月　タンジール運営委員会の委員となり、六五年に委員会の出納長となる。
一六六五年六月　ローストフト沖の英国・オランダの海戦。英国艦隊が撤退するオランダ艦隊を追撃せず、帆を緩めて帰投したことが「縮帆問題」として海軍・事務局が議会で長期間にわたり非難される。
この頃からロンドンを中心にペストが流行し、海軍事務局は疎開し、ピープスも妻をテムズ下流の町に退避させる。
一六六五年一〇月　海軍糧食補給制度を改革し、主席糧食監察官に就任。

一六六六年九月　ロンドンの大火では、海軍工廠の工員を動員して、破壊消防等を行い奮闘。
一六六七年六月　オランダ艦隊がメドウェイ河に侵入し、軍港チャタムを砲撃、英国主力艦や海軍施設に大損害を与える。この敗北責任を議会が執拗に追及し、失態調査委員会が成立。この委員会への対応は今後ピープスの重荷かつ活躍の場となる。
一六六八年三月　事務局責任者としてしばしば下院で説明を要求されたが、とくに三月五日の下院で、失態調査委員会への弁明、特に金券問題についての説明を三時間余にわたり行い、名演説として各方面から賞賛を受ける。
一六六九年一〇月　妻とオランダ・フランス旅行から帰国して間もなく、妻が二十八歳で死去。
一六七二年五月　サニッジ伯爵がオランダ艦隊との海戦で戦死。
一六七三年六月　審査法によりヨーク公爵が海軍本部長を辞し、代わって国王が海軍本部長に就任。国王のもとで海軍省の海軍委員会の事務局長に就任し、海軍改革を推進。下院に近い海軍省オフィスのダービィ・ハウスに住居を移す。
一六七三年十一月　カースル・ライジング選挙区で下院議員に当選。当選無効を申し立てる者が出たが、最終的には当選確定。
一六七八年一〇月　中旬にサー・エドマンド・ベリー・ゴドフリー判事の殺害に端を発する「カトリック陰謀事件」騒動が起こり、ヨーク公爵が疑惑の的となる。ピープスも隠れカトリック教徒との嫌疑を受けた。
一六七九年五月　海軍の職を辞したあと、フランスに海軍機密を売ったとの嫌疑で、造船技師のディーンと共に六週間の拘留の末、不起訴となる。
一六八三年八月　国王は北アフリカの英国植民地タンジールからの撤退を決意。要塞と港湾施設の破壊、人員の引き上げの業務を命じられ、現地に向かう。九月に現地着、任務完了後に事務官とスペイン旅行のあと、翌年春に帰国。この間に『タンジール日記』を書く。
一六八四年六月　陰謀騒動が鎮静に向かい、国王は海軍委員会制度を廃し、海軍大臣に相当する海軍事務局長の地位を創設、ピープスを任命。
一六八五年一月　ヨーク公爵が兄チャールズ二世のあとを継いで即位し、ジェイムズ二世となる。翌年に国王は海軍特別委員会を設置し、ピープスに海軍改革を任せる。
一六八九年一月　前年のジェイムズ二世退位にともない、海軍の役職を辞任。翌年に、ジェイムズ派との嫌疑により三ヵ月間の拘留処分となる。その後元事務官のウィリアム・ヒューアーと同居し、書物、古原稿等の収集と整理などを行う。
一七〇三年五月　二〇日に七〇歳で死去。

主要文献表

ピープスの日記

臼田昭、海保真夫、岡照雄訳『サミュエル・ピープスの日記』（全一〇巻、国文社、1988–2012）.

Pepys, Samuel: *The Diary of Samuel Pepys*, Edited by Robert Latham and William Matthews, 11 Vols, University of California Press, 1970–83.

Pepys, Samuel: *The Diary of Samuel Pepys*（*A Selection*）, 堀大司注釈、研究社英米文学叢書、研究社、昭和二十九年

議事録

House of Commons, Journal, British History on Line.

House of Commons, Debates（Grey）, British History on Line.

資 料

Bulstrode, Sir Charles: *Memoirs and Reflections upon the Reign and Government of King Charles Ist and K. Charles IId*, Mist, 1721.

Clarendon, Edward Hyde, Earl of: *The History of the Rebellion and Civil Wars in England*, 6 Vols, Edited by W. Dunn Macray, Oxford. 1969.

Evelyn, John: *The Diary of John Evelyn*, 6 Vols, Edited by E. S. de Beer, Oxford, 1955.

Milward, John: *The Diary of John Milward, September 1666-May 1668*, Edited. by Caroline Robbins, Cambridge, 1938.

Pepys, Samuel: Pepys' *Memoires of the Royal Navy*, Edited. by J. R. Tanner, Haskel House Publishers, 1906.

Pepys, Samuel: *Letters and the Second Diary of Samuel Pepys*, Edited, with an Introduction, by R. G. Howarth, B. Litt. With Sixteen Contemporary Portraits and Views, J. M. Dent, 1933.

Pepys, Samuel: *The Letters of Samuel Pepys and his Family Circle*, Edited. by Helen Truesdell Heath, Oxford, 1956.

Pepys, Samuel: *Samuel Pepys and the Second Dutch War, Pepys's Navy White Book and Brooke House Papers*, Transcribed by William Matthews and Charles Knighton, Edited by Robert Latham, Scholar Press, 1995.

Pepys, Samuel: *The Letters of Samuel Pepys 1656–1703*, Selected and Edited. by Guy de la Bedoyere, Boydell, 2006.

Pepys, Samuel: *Memoires of the Royal Navy 1690*, New Introduction by J. D. Davies, Seaforth, 2010.

サミュエル・ピープス評伝など

臼田昭『ピープス氏の秘められた日記——一七世紀イギリス紳士の生活』、(岩波新書206、岩波書店、一九八二)

Bryant, Arthur: *Samuel Pepys, The Man in the Making*, Collins, 1948.

Bryant, Arthur: *Samuel Pepys, The Years of Peril*, 1967, Collins, 1967.

Bryant, Arthur: *Samuel Pepys, The Saviour of the Navy*, Collins, 1949.

Coote, Stephen: *Samuel Pepys, a Life*, Hodder & Stoughton, 2000.

Hearsey, John E. N.: *Young Mr Pepys*, History Book Club, 1973.

Knighton, C. S.: *Pepys and the Navy*, Sutton Publishing, 2003.

Knighton, C. S.: *Pepys's Later Diaries*, Sutton Publishing, 2004.

Ollard, Richard: *Pepys, a Biography*, Atheneum, 1984.

Rogers, P. C.: *The Dutch in the Medway*, Oxford, 1970.

Tomalin, Claire: *Samuel Pepys, the Unequaled Self*, Viking, 2002.

Trease, Geoffrey: *Samuel Pepys and his World*, Thames and Hudson, 1972.

Wilson, John Harold: *The Ordeal of Mr. Pepys's Clerk*, Ohio State University Press, 1972.

時代背景

Browning, Andrew, ed.: *English Historical Documents, Volume VIII, 1660–1714*, Eyre & Spottiswoode, 1953.

Carr, John Dickson: *The Murder of Sir Edmund Godfrey*, Hamish Hamilton, 1936.（岡照雄訳『エドマンド・ゴドフリー卿殺害事件』、創元推理文庫、東京創元社、二〇〇七）

Davies, Godfrey: *The Restoration of Charles II 1658–1660*, Oxford, 1955.

Fritze, Ronald H. & Robinson, William B.: *Historical Dictionary of Stuart England, 1603–1689*, Greenwood Press, 1996.

Ogg, David: *England in the Reign of Charles II*, 2 vols, Oxford, 1934.

Greene, Douglas C., ed.: *Diaries of the Popish Plot*, Delmar, 1977.

Hill, C. P.: *Who's Who in Stuart Britain*, St. James Press, 1988.

Hutton, Ronald: *The Restoration, A Political and Religious History of England and Wales 1658–1667*, Oxford University Press, 1986.

Long, James & Long, Ben: *The Plot against Pepys*, faber and faber, 2007.

Miller, John: *After the Civil Wars, English Politics and Government in the Reign of Charles II*, 2000, Longman.

ダニエル・デフォー『疫病流行記』（泉谷治訳、現代思潮社、一九六七）

小林幸雄『図説イングランド海軍の歴史』（原書房、二〇〇七）

文学作品

Dryden, John: *The Poems of John Dryden*, 4 Vols, Edited by Paul Hamond and David Hopkins, Pearson

Longman, 1995–2005.

Marvelll, Andrew: *The Poems of Andrew Marvell*, Edited by Nigel Smith, Pearson Longman, 2003.

Poems on the Affairs of State, Augustan Satirical Verse, 1660–1678, Vol.1, 1660–1678 (*POAS*), Edited by George de F. Lord, Yale University Press, 1963.

Poems on the Affairs of State, Augustan Satirical Verse, 1660–1678, Vol.2, 1678–1681 (*POAS*), Edited by Elias F. Mengel, Jr. Yale University Press, 1965.

著者略歴

（おか・てるお）

1930年福岡市に生まれる．1953年京都大学文学部卒業．現在 京都大学名誉教授，県立福岡女子大学名誉教授・元学長．著書『アンガス・ウィルソン』（研究社），共編注『英国回想録叢書』（臨川書店），『翻訳小説集2』（新日本古典文学大系明治編，岩波書店）．訳書 ゴドウィン『ケイレブ・ウィリアムズ』（国書刊行会），スパーク『ミス・ブロウディの青春』（筑摩書房），共訳『サミュエル・ピープスの日記』（国文社）など．

岡 照雄
官僚ピープス氏の生活と意見

2013年 5月21日 印刷
2013年 6月 1日 発行

発行所 株式会社 みすず書房
〒113-0033 東京都文京区本郷5丁目32-21
電話 03-3814-0131(営業) 03-3815-9181(編集)
http://www.msz.co.jp

本文組版 キャップス
本文印刷・製本所 中央精版印刷
扉・表紙・カバー印刷所 リヒトプランニング

Printed in Japan
ISBN 978-4-622-07774-9
[かんりょうピープスしのせいかつといけん]